박연화 수필집

매화나무 그늘 아래

매화나무 그늘 아래

박연화 수필집

1판 1쇄 인쇄/ 2022년 6월 15일
1판 1쇄 발행/ 2022년 6월 20일

지은이 / 박 연 화
펴낸이 / 우 희 정
펴낸곳 / 도서출판 소소리

등록 / 제300-2007-21호
주소 03073 서울 종로구 성균관로5길 39-16
전화 / 765-5663, 010-4265-5663
e-mail: sosori39@hanmail.net

값 13,000 원

*잘못된 책은 바꿔드립니다.

ISBN 979-11-5891-170-6   03810

매화나무 그늘 아래

박연화 수필집

책을 내면서

수필은 내 인생의 꿈

길섶에 버들개지가 피었습니다. 냉이를 캐러 나왔다가 우연히 마주친 버들강아지. 냇가에는 군데군데 깨진 얼음장이 보이는데 하얗게 꽃망울을 터트리고 있습니다. 공교롭게도 까칠한 덤불 속이었으나 그래서 더 선명하게 보입니다. 봄이라 해도 바람 끝은 아직 썰렁한, 그런 데서 피는 꽃이라 더더욱 감동으로 남았던 기억이 여직도 선합니다.

무척이나 봄을 기다렸나 봅니다. 그렇지 않고서야 응달에는 잔설도 희끗희끗 보이는데 모르기는 해도 그쯤은 짐작하고 있었으련만 턱하니 꽃을 피웠지요. 저러다가 난데없는 춘설에 추위 떨 것도 같지만 그냥 봄이 되었으니 꽃을 피운 것 같습니다. 봄꽃이 아름다운 것은 바로 그 꽃샘추위를 무릅쓰고 피는 의지입니다. 언제 또 홍역을 치를지 모르는데 안중에도 없이 피는 꽃의 속내를 보는 것 같습니다.

내가 쓰는 수필도 그렇게 피어나기를 소망해 봅니다. 아직은 이렇다하게 내놓을 건 없어도 오래전부터 내 인생의 밑단을 마름질해 왔습니다. 곡절은 편편 날실로 걸고 아름다운 꿈은 씨줄로 매어 자아올린 것들입니다. 어느 때는 뽀얀 옥양목처럼 또 어느 때는 화사한 비단 같은 그것을 마름질하면서 꿈을 새기듯 마음을 다듬으면서 써온 글입니다. 아직 봄이라고는 할 수 없는데도 턱하니 봉오리를 새기듯, 하지만 그 의지 때문에 예쁘지도 않은 버들개지가 유달리 선명하게 보이듯. 더구나 그 버들개지 또한 봄 바탕화면에 새겨진 밑그림이었다고 보면 부족한 나의 글도 힘든 삶의 마중물이 되어 내 인생의 저변을 촉촉 적셔줄 거라는 소망을 품어봅니다.

부족하나마 글을 쓸 때는 나름 갈등과 방황이 있었습니다. 한동안 가슴앓이 끝에 편편 다듬어진 글을 보면 스스로도 짠해옵니다. 무에 잘 다듬어진 글일까 마는 나름 쓰는 동안의 갈

등 때문에 한 차원 성장한다는 생각에 뿌듯해지기도 합니다. 멀쩡히 봄인데도 꽃샘에 잎샘에 시달리면서 아주 예쁜 봄꽃을 보는 느낌입니다. 비바람에 춘설도 만만치 않은데 그 속에서 피어야 하는 속내가 안쓰럽다가도 그래서 훨씬 아름다운 버들개지 꽃망울처럼.

그나마도 겨우내 떨고 있다가 봄을 맞아 모처럼 피었으니 스스로도 얼마나 뿌듯한지 알겠습니다. 아직은 춥고 게다가 잔설이 남아 있어도 어디서나 곱게 필 수 있는 의지가 딴에는 소중한 것처럼 빼곡히 채운 원고지, 그 삶의 퍼즐을 뒤적이며 무지갯빛 꿈을 찾는 행복도 그려봅니다. 무에 대단한 건 없어도 그런 속에서 써 온 글이 가끔 힘들게 사는 누군가의 지표가 된다면 열심히 글을 쓰며 살아갈 것을 다짐해 봅니다.

2022년 봄

저자 박연화

▷ 차 례

▷ 책을 내면서

1. 나비의 봄나들이

가을걷이 ― · 12

강원도 사랑 ― · 16

군소봉을 오르다 ― · 21

나비의 봄나들이 ― · 26

낚시터 풍경 ― · 31

내게 꿈같은 사랑 ― · 36

노루목 연정 ― · 41

눈(雪) 내리는 날 ― · 46

늦가을에 ― · 51

달빛 쏟아지는 남원에서 ― · 55

2. 먼동이 틀 무렵

닭이 운다 ― · 62
도도히 흐르는 탁류(濁流) ― · 67
두릅 따는 날 ― · 71
둔덕에 앉아서 ― · 76
드림줄 ― · 80
매화나무 그늘 아래 ― · 85
먼동이 틀 무렵 ― · 90
메뚜기의 전성기 ― · 95
모내는 날의 풍경 ― · 100
묵정밭 냉이 ― · 105

3. 어머니 날 낳으시고

뭘 해도 잘된다는 집안 — · 110
반딧불이 — · 115
밤나무 그네의 추억 — · 120
삭정이 인생 — · 126
포도나무 — · 130
애기똥풀을 보면서 — · 135
어머니 날 낳으시고 — · 139
여기는 등대입니다 — · 144
여리꾼의 고통 — · 149
영산(嶺山) 아리랑 — · 154

4. 처음 가는 길

인(人)두겁을 썼으면 ― · 162

잔자골의 봄 ― · 167

장마철 얘기 ― · 172

저 아래 뽕나무에서 ― · 177

제주, 용머리 해변 ― · 181

조궁즉탁(鳥窮則啄) ― · 186

처음 가는 길 ― · 190

나이티 ― · 195

함박꽃 ― · 199

흑염소에게 ― · 204

1.
나비의 봄나들이

가을걷이

    요즈음 나도 가을걷이에 한창 바쁘다. 복숭아 농사를 짓는 이웃 사람들은 구월 말에 벌써 수확이 끝나지만 우리 집은 지금 시작이다. 우선 초가을 애호박을 따서 호박고지를 켜 말리는 것부터 시작이 된다. 빤들빤들하게 잘 익은 것 여남은 통을 썰면 마당으로 하나 가득이다. 일기예보를 듣고 한 대엿새 계속 맑은 날을 택해서 널면 우윳빛이 나도록 잘 마른다. 바쁠 때는 그도 번거롭지만 날씨가 따라 주지 않으면 뽀얗게 마르질 않으니 신경을 쓸 수밖에 없다.
    그렇게 한 차례 말린 뒤에는 도라지를 캐고 그 다음 들깨를 베어 말린다. 그 전에 깻잎을 따서 소금에 삭힌 뒤 단을

묶고 세워 놓는다. 털기 좋게 마를 동안에는 도라지를 말린다. 양지쪽에 앉아 한나절 손질해서 말리면 명절이며 제사에 나물로 충분하다. 이어서 잘 마른 들깨를 멍석에 널어 털고 나면 시월도 중순이 넘는다.

텃밭에 심은 것을 거둔 후에는 뒷산에 가서 도토리를 줍는다. 어느 때는 앞마당까지 굴러 내려온다. 이게 또 보통 일이 아니어서 줍고 난 뒤 말리는 건 물론 앙금까지 내려면 대략 한 달 이상을 잡는다. 일단 도토리를 깨끗하게 손질한 뒤 방앗간에 가서 곱게 탄다. 그것을 가져와 일일이 자루에 넣고 앙금을 우려낸다. 그 다음 며칠간 웃물을 따라 내고 가라앉힌 뒤 말려서 겨우내 먹었다. 지금은 앙금을 내주는 곳이 생겼으나 산비탈에 가서 줍고 손질하는 것도 언제부턴가 버거운 작업이 되었다.

가을걷이라고 해야 텃밭 농사인 만큼 이웃사람에게는 소꿉장난으로 보이겠지만 겨우내 먹을 양념을 준비하다 보면 그렇게 눈코 뜰 새 없이 바쁘다. 어느 때는 힘에 부쳐 몸살이 나기도 하지만 구석구석 쌓이는 소출을 보면 까맣게 잊곤 한다. 더욱 찬바람과 함께 단풍이 들고 국화가 피기 시작하면 거기서도 가을걷이를 보게 되는데 이를테면 단풍과 국화 역시도 여름내 땡볕 속에서 초록을 키우고 꽃망울을 새겼다.

가을에 거두는 곡식처럼 먹는 식량은 아니어도 늦가을에 완상하는 가을 풍경의 진수로 국화와 단풍만한 건 없을 줄 안다. 다만 한철 붉게 물들고 탐스럽게 피기 위해 병, 벌레에 시달리고 여름내 견딘 것을 생각하면 가을걷이의 뜻이 새삼스럽다. 단풍이든 꽃이든 길어 봐야 보름 남짓이나 그동안의 태풍과 비바람은 만만한 게 아니었다. 역설적으로 비바람 없이 날씨가 좋기만 해서는 또 곡식은 영글지 못한다고 하면 반드시 필요한 과정이기도 했다.

들깨만 해도 올 한 해는 가마 반이라는 우리에게는 엄청난 수확이었지만 가꾸느라고 무척 힘들었다. 더운 폭양에 깻모를 심었는데 며칠 간 비가 오지 않았다. 새벽부터 일어나 구덩이를 파고 일일이 물을 주고 나면 허리가 다 휜다. 식용유 대신 들기름만 먹는 호사를 부리자니 그만한 대가는 치러야 했던 것이다. 그나마 들깻잎을 따서 김치를 하고 들기름을 짜 먹을 때마다 힘든 것은 까맣게 잊곤 한다. 힘은 들어도 수확의 가을걷이를 만끽하는 마음은 그 자체가 흐뭇함으로 와 닿는다.

더구나 남들 보기에는 그냥 텃밭을 서성이는 것 같아도 나보다 남편이 더 많은 일을 하다보면 혼자서 동동거리는 경우가 많다. 나는 겨우 키질이나 하는 것으로 바빠서 눈코 뜰 새 없다고 표현이 하는 것이 못내 미안하다.

복숭아 고장에서 살아가면서 가을걷이에서는 우리에게만 해당되는 말 같다. 마을 모든 분들은 복숭아가 어지간히 여름에 끝나는 것 같아서 우리 집만 부지런히 움직이는 모습을 느끼면서 마음의 평안을 갖고 있다.

거둬들일 때만은 항상 하늘에 한 점 부끄러움 없는 삶인 것으로 여겨진다. 천재지변 없이 잘 보살필 수 있었던 것까지도 모두가 자연의 섭리 앞에 인간의 노력이 아닌가 생각하면서 오늘도 감사하는 마음으로 가을걷이에 여념이 없다. 노력의 대가는 손해 보는 법이 없다. 가으내 거두어들이면 겨울에 설산만 바라보며 겨울밤을 맞이할 것이다. 이런 기쁨을 누릴 수 있기에 시골의 낭만을 함께 즐길 수 있는 것에 감사하는 삶을 살고 싶다.

강원도 사랑
- 해신당에서

 오늘은 친구들과 함께 동해안으로 여행을 가는 날이다. 버스에 올라 떠들썩하게 가는 마음이 모처럼 상쾌하다. 차창 밖으로는 바람이 시원하고 무엇보다 이제 막 움트기 시작하는 봄이 싱그러웠다. 그렇게 얼마나 달렸을까. 창밖을 보니 버스가 막 내가 살던 삼척의 고향 집을 지나고 있다.
 내가 태어나고 자란 곳. 대문은 삐걱대고 울타리는 허술했지만 생각하면 눈시울이 뜨거워지는 곳이다. 세 살 때 6·25 전쟁이 일어나 피난길에 올랐던 적도 있었고 되돌아와 줄곧 살며 학교도 졸업하였던 곳. 그나마 이제는 부모님 다 돌아가시고 보니 생면부지 낯선 사람이 살고 있다. 이제는 남의 집이 되고 말았으니 들어가 볼 수는 없고 어떻게 변했을까 궁금하지만 겉으로 보기에는 그대로인 것을 보면서 어린 시절의 한 페이지를 넘겨본다.

내 어릴 적 놀이터였던 감나무 동산은 그대로 있을까. 우물도 여전히 잘 나오고 있는지 궁금하다. 동네에서 물도 가장 잘 나오고 짠물이 아닌 좋은 물이었는데 그 펌프는 아직도 있을까. 지나치면서도 아쉬운 마음에 자꾸 고향 집을 돌아보게 된다. 고개가 아플 정도로 아니 마음이 지나치는 것에서 무척이나 아련하여 개울가의 흐르는 물이 내 앞으로 흐르는 듯 젖어온다.

하지만 곧이어 해신당에 전시된 조각상을 보니 울적했던 마음이 거짓말처럼 사라진다. 삼척 갈남의 해신당에 이르자 여기저기 남근을 세워 놓은 것이다. 그것을 보니 얼핏 떠오르는 전설. 옛날 이 마을에 애랑이라는 처녀와 총각 덕배가 살았다. 둘은 장래를 약속한 사이였는데, 어느 날 덕배는 미역을 따러가는 애랑을 바위섬까지 데려다주고 밭에서 일을 하고 있었다.

얼마 후 돌풍이 불자 덕배는 다급한 마음에 배를 띄우려 했으나 애랑은 파도에 휩쓸려 죽고 말았다. 이후로 고기가 잡히질 않자 사람들은 자연히 술타령만 일삼게 되었다. 어느 날 술에 취한 어부가 바다에 오줌을 누었더니 그 다음날부터 다른 배는 여전히 고기가 잡히지 않는데 그 어부만이 만선이 되어 돌아왔다.

사람들이 연유를 묻자 자신이 한 행동을 이야기해 주니, 너도나도 바다를 향해 오줌을 누었다. 이후 모두가 만선이 되어 돌아오게 되자 사람들은 남근을 깎아 세워 혼인을 못한 원한을 풀어주었다고 한다. 어릴 적부터 알고 있던 해신당의 전설을 토대로 공원을 조성한 것인데 오랜 세월의 강을 돌아 다시금 보니 감회가 새롭다.

누군가는 곳곳에 전시된 조각상을 보고 외설스럽다고 하지만 전설을 생각하면 오히려 애틋한 데가 있다. 죽은 넋이라 해도 남자가 오줌을 누면서 원한을 푼 것을 보면 유치한 점도 있지만 어쩌면 그게 가장 순수한 사랑 아니었을까. 장래를 약속한 뒤 귀밑머리 풀고 해로할 판에 혼인도 못해 보고 죽은 원한을 위로했던 그 옛날 삼척의 어부들 또한 인간적이다.

지금도 정월 보름과 시월 오(午)일에 제사를 지내고 있는데, 보름에 지내는 제사는 풍어를 기원하는 것이고 오일에 지내는 제사는 동물 12지신 중에서 말의 남근이 가장 크기 때문이다.

특별히 누일이 말의 날이기 때문이라고 한다니 그냥 마을의 처녀 하나가 안타깝게 죽은 것 치고는 참으로 많은 곡절과 사연을 담은 채 해신당의 전설로 내려온 셈이다.

낯 뜨거운 면도 없지 않은 전설이되 지금까지 전해져온 것 또한 휴머니티적 뉘앙스가 다분한 민족성을 보는 것 같다. 그렇게 함으로써 고기를 많이 잡을 수 있었다 해도 점잖은 체면에 그럴 수는 없다고 하면 그만인 사건이다.

게다가 그렇게 해서 잡히지 않던 고기가 만선이 되도록 잡힌다는 것 또한 지금 상식으로 보면 터무니없는 일이다. 그럼에도 불구하고 마을의 처녀 하나를 위해 사당을 마련하고 제까지 지내주었으니 그야말로 파격적이다. 바닷가에서 고기가 잡히지 않는 것은 해수와 조류 등 기후 때문일 텐데 그래서 얼마 후 잡히지 않던 고기가 다시 또 잡힌 것일 수 있다.

우연히 애랑의 사건과 맞물리는 바람에 그런 전설이 나온 것이지만 그래 우리 지금 이렇게 그때 전설을 모티브로 한 공원을 관람하며 희희낙락 즐길 수 있었던 것이다. 아울러 어떤 불상사가 있을 때 누군가의 원한 때문으로 짐작하고 그 마음을 달래주면서 행사를 벌이는 것부터가 얼마나 따스한 인정인지 모르겠다.

내 살던 고향이라 더 그런 생각이 드는 것일까. 오늘 모처럼 고향에 와서 게다가 어릴 적부터 알고 있던 전설을 토대로 세워진 공원을 보니 세월이 참 많이도 흘렀다. 어릴 때는 그저 황량한 바닷가였는데 지금은 군데군데 숲이 아름답고 건물도 여간 산뜻하지 않다.

하기야 이렇게 공원을 조성하고 난 뒤에는 오히려 사람들의 발길이 잦고 그로 인해 오염될 수도 있으나 애틋한 전설을 회상하고 돌아보는 계기가 된다면 다행한 일이 아닐 수 없다. 여기 도착하기 전 어릴 적 살던 집을 보면서 멀어진 추억을 회상하며 잠깐 동심에 젖어든 것처럼 이곳을 찾는 사람 모두 그 옛날의 애틋한 전설을 생각하게 될 테니 모처럼 흐벅진 마음이다.

군소봉을 오르다

 해거름이면 뒷산을 오른다. 멀리 크고 작은 군소봉(群小峰)이 오늘따라 무척 정겹다.
 군소봉은 크고 작은 여러 개의 작은 산봉우리를 말한다. 보고 있노라면 도란도란 얘기 장단을 맞추고 어깨동무를 하는 것 같다. 산자락 또한 끊어질 듯 금방 이어지는 게 늘 보는 가족처럼 정겹다. 눈앞의 크고 작은 산자락이 어느 때 보면 하늘 향해 일제히 달려가는 성싶다. 아침저녁 마주치면서 티격 대는 가족들 모습과도 여전하고 어느 때 보면 꿈실꿈실 움직이는 게 흡사 푸른 하늘 물결이 출렁이는 것 같다.
 생각날 적마다 올라가는 산이다. 흔히 보는 야산인 만큼 정상의 기분이랄 것까지는 없어도 매일 오르다 보면 철철이 바뀌는 풍경에 취하곤 한다. 특별히 아무 때고 가벼운 마음으로 올라갈 수 있는데 그 때문에 가끔 예기치 못한 곤욕을 치르기도 한다. 험한 산이라면 어쩌다 오르겠지만 야트막한 산이라고 무심코 올라갔다가 뜻밖에 어려움을 겪는 셈이다.

날을 잡아 텃밭에 고추 모를 하던 날이었다. 며칠 전 고랑을 만들고 비닐을 씌워둔 터라 모만 꽂고 나니 해가 꽤 많이 남았다. 점심에 해둔 밥도 있고 해서 그냥 올라간 것이다. 오솔길을 돌아 등성이에 오르니 멀리 단풍에 물든 언덕이 아슴아슴 가까워진다. 볕은 따사롭고 길섶의 풀도 아기자기 물들어 자못 흥겨운 기분이었는데 문득 저만치서 시꺼먼 구름이 몰려왔다.

그리고는 잠깐사이 스산한 바람이 불더니 풀잎이 덩달아 술렁이기 시작했다. 아기자기했던 풍경이 일시에 바뀌는 순간 서둘러 산을 내려갔건만 그새 비가 쏟아지면서 어두워지니 갈피를 잡을 수가 없다. 비를 맞아 미끄러운 산길도 여간 힘들지 않았다. 아침저녁 오가는 길이었는데 수없이 넘어지면서 간신히 집 앞에 이르렀다.

10분 남짓 내려온 산길이 먼 일처럼 아득했던 그 기분. 아무리 맑고 쾌청한 날씨라도 그럴수록 경계를 하고 조심을 해야 옳았다. 특별히 높고 험한 산에서의 등반사고는 흔하되 가끔은 산이라고 할 것도 없는 야산에서의 사고도 뜻밖에 많았다. 오늘 별안간 헤맸던 일이 안전사고라고 할 것까지는 아니어도 갑작스러운 비를 만날 수 있다고 생각하면 아찔한 기분이었다.

뒷산 정상에서 얼핏 바라본 군소봉을 잠시 아침저녁 얼굴 맞대고 사는 가족으로 생각하기도 했지만 그 또한 오늘 만난 소나기처럼 한껏 조심해야 될 부분이라고 보았다. 높고 험준한 산을 오를 때는 저마다 장비를 갖추게 되는 것처럼 어쩌다 보는 사람들은 나름 조심을 하게 되므로 이렇다 할 문제가 생기지 않는다. 그에 비해 야트막한 산은 가벼운 차림으로 가게 되고 그 결과 뜻하지 않은 문제가 발생하기도 하듯 임의롭게 생각하는 가족들과의 불협화음이 때로 걷잡을 수 없는 문제로 파급된다.

그렇더라도 울멍줄멍 비스무리한 군소봉은 풍경처럼 아름다웠다. 도란도란 정담이나 나누듯 솟아 있는 군소봉을 오르다가 뜻하지 않게 봉변은 당했을지언정 느낌은 언제나 아기자기 했다. 모모라 하는 산이라고 기록된 것도 아니고 어디 도립공원이나 국립공원에 해당하는 산도 아니지만 볼수록 정겨운 느낌이다. 특별히 어릴 적 우리나라 혹은 세상에서 가장 높은 산 이름과 그 높이는 얼마라고 조목조목 적어가며 외우던 생각을 하니 느낌이 묘하다.

  모두에게 알려진 명산이라면 경관은 수려하겠지만 나로서는 마실을 다녀오듯 가볍게 오갈 수 있는 야산이 더 소중했다. 오늘처럼 뜻밖의 봉변이 있기도 하지만 잠깐 헤매고는 금방 집에 도착했으니 그 또한 높지 않고 험하지 않은 동네 뒷산이라는 특징 때문이다. 우리 가족 또한 하나같이 평범할지언정 아무 때고 올라갈 수 있는 뒷산 골짜기처럼 언제나 만날 수 있어 더 임의롭다. 때로 뜻밖의 소나기를 만난 것처럼 생각지 못한 불협화음도 없지 않으나 부대끼며 살다보면 그렇게 정이 들기도 할 터이다.

  문득 해거름 노을이 아름답다. 서둘러 내려가다 보니 노랗게 어우러진 산국이 몽우리를 만들고 있는 모습도 예쁘다. 얼핏 풀숲을 가로질러가는 예쁜 산 토끼. 다람쥐 또한 알밤이라도 줍는 듯 단풍 내린 골짜기를 바쁘게 오르내린다. 아름다운 산자락, 특별히 군소봉에서만 볼 수 있는 걸 보면 모두가 나처럼 순박한 날들일 테지.

높은 산은 구태여 찾지 않는 나처럼 터 잡고 있는 산자락에서 토끼 같으면 풀을 뜯고 다람쥐는 또 굴 속 깊이 도토리와 밤 등을 쌓아둔 채 오롯이 까먹으며 또 가을과 겨울을 꿈꾸고 있겠지. 봄이면 또 해마다 그랬던 것처럼 새끼를 치고 먹이를 찾으며 도란도란 살 것을 생각하니 마음이 따스해진다. 높이는 상관없이 아담한 산줄기와 아기자기한 산세로 손짓하는 군소봉의 크고 작은 봉우리처럼.

나비의 봄나들이

　따뜻한 날 동산에 있는 큼지막한 돌 위에 앉았다. 개울 건너 논에서는 봄갈이가 한창이다. 얼마 후 모를 심기 위해서인지 밭갈이에 여념이 없다. 둑을 평평하게 다듬는가 싶더니 트랙터로 열심히 갈아엎는 것이 옛날 소가 쟁기질하던 모습 그대로다.

　앞에서 어머니가 끌면 뒤에서 아버지께서 소몰이하던 그런 느낌이 든다. 지금이야 못자리며 가래질 모두 기계로 하지만 논바닥을 평평하게 만들고 논둑을 빤빤하게 다듬는 과정은 그때와 다름이 없다.

　문득 눈앞이 아련해지면서 노곤한 느낌이다. 둔덕의 유채꽃

한 그루에 나비가 날아와 앉은 것이다. 나비 중에서도 날개가 하얀 흰 나비. 늘 흰나비부터 봄날이 시작되는 것 같다. 흰나비가 팔랑거린다 싶으면 얼마 안 있어 호랑나비, 노랑나비로 이어지는 것 같다.

몇 마리 팔랑거리며 맴돌다 얼마 후 모두 가 버리고 맑은 날씨와 짜 맞추기라도 하듯 색깔도 하얗게 맑은 빛을 띤 흰나비 한 쌍이 내 앞을 팔랑인다. 마치 봄나들이를 온 모양으로 아름다운 날개가 몽환적이다. 봄이라는 게 새삼스러운 것은 아니어도 때마침 날아든 흰나비 때문에 꽃 피고 새 우는 그 느낌이 훨씬 고즈넉하게 다가오는 느낌이라고나 할까.

봄나들이 온 나비에게 물어보고 싶다. 너희들도 사람들이 그렇게 좋다는 제주에도 가 보았느냐고. 가 보았으면 정말 공기 좋고 돌도 많고 해녀들도 많은 것을 보고 왔냐고…. 제주의 곶자왈이라는 곳이 그중에서 제일이라는데 곶이란 숲을 뜻하고 자왈은 돌로 이루어진 지형을 뜻한다는 것을 잘 알 테지, 맑고 깨끗하게 생겨서 마음마저 맑은 지형을 잘 알 것이라 여겨진다.

나비와 인간들에게 제주도는 맑은 공기, 초록물결 출렁이고 유채꽃 만발하는 공통점이 있지 않을까 싶다. 나비의 나들이에 함께한 동산에서 마치 대화를 나누 듯 한참을 나도 노닐고 있다. 겹눈의 두 눈은 어떻게 분간이 어려울 정도로 반짝이고 입은 더 튀어 나온 것 같다. 나비의 일생은 이렇게 날아다닐 때가 제일 아름답다. 애벌레로 채소, 나무, 풀잎을 갉아 먹을 때는 징그럽고 해충으로서의 미움마저 든다.

한참을 놀던 나비가 날개를 펴고 날아가는 게 보였다. 그것을 보니 어머니가 그 시절 하얀 저고리에 매듭으로 그것도 나비매듭의 단추를 접어서 달고 다니시던 모습이 선하다. 나비매듭은 보통 나들이옷에 다셨지만 특별히 잔치라도 있을 때는 눈부신 한복 앞섶에 그린 듯 예쁘게 모양을 내곤 하셨지. 지금 생각하면 우리 어머니도 그렇게 고운 모습이 있었나 싶을 정도로 화사했건만….

그러다 어느 때는 하얀 천을 마름질해서 천연 나비 같은 모양으로 접어서 동기간이며 이웃들에게 두루 선물하시는 것을 보았기에 날개를 펼 때면 늘 어머니의 그 얌전히 접으시던 모습이 그려진다.

옛 생각이 무르익어 갈 무렵 나비들은 나들이가 흥겨웠던지 아까보다 훨훨 가볍게 날아다닌다. 팔랑이는 모습도 흥겹고 재미있어 어쩔 줄 모르는 게 우리 이 아름다운 동산에서 다시

만나자고 약속이나 하는 듯하다. 한 마리 나비— 이 날개처럼 나비매듭을 만들 때마다 손이 아플 정도로 야무지게 접으시던 어머니가 그립다.

어머니가 왜 그렇게 매듭에 집착했는지 어릴 때는 잘 몰랐다. 하지만 지금 생각하니 어머니는 곧 매듭을 지으면서 인생의 매듭을 풀어가는 과정을 나름 돌아본 게 아닌가 싶다. 어린 나로서는 짐작 못할 어려움이 분명 있었을 테고 그 어려움에 대한 당혹스러움 때문에 힘을 주어 매듭을 지으며 그럴 때마다 새롭게 살아갈 의지를 다지면서 자신을 채찍질했을 것이다. 어느 날 보면 힘들어서 금방이라도 쓰러질 것 같은 어머니, 하지만 얼마 후에는 뜻밖에 다시 일어나 집안을 돌보고 우리 남매를 건사했던 그 또한 습관적으로 고를 내고 매듭을 짓던 어머니의 저력에서 나온 게 아니었을까.

문득 다시금 날아드는 흰나비. 이제 어머니는 세상을 떠나신 지 몇 년이고 그때 접던 나비날개의 문양도 희미해진 지 오래이나 나비를 보면 오래전 일을 회상하는 마음이 오늘따라 고즈넉하다.

나비처럼 강하지도 않고 하늘하늘 연약해 보이시던 어머니, 하지만 그래도 우리 5남매를 너끈히 키우셨다. 저기 봄이 옆

드려 있는 둔덕의 풀섶에 날아든 하얀 나비처럼, 살짝 닿기만 해도 다칠 것 같은 그 날개로 쨍쨍한 여름 볕 속도 아랑곳없이 한 생을 살아가는 한 마리 나비처럼 살다 가신 어머니….

낚시터 풍경
- 꾼들의 애환

"라면 있어요?"

오늘도 텃밭에서 풀을 뽑는 내게 낚시꾼 한 분이 또 그렇게 물었다. 그러고 보니 벌써 낚시철이 되었나? 때로는 황당할 때가 많다. 어떤 사람은 술이 얼큰한 채 막걸리가 있느냐고 묻기도 한다. 한두 사람도 아니고 불쑥 불쑥 그렇게 물어올 때마다 약간 황당하기는 해도 마을과 떨어진 또한 낚시터와 가까운 집에 사는 나로서는 심심파적이 될 수 있다고 생각하기도 했다. '그럴 수 있지, 뭐. 하필 외딴집이고 낚시터가 가깝다 보니 충분히 착각할 수 있겠지'라고 딴에는 이해를 하고자 애쓰는 편이다.

마당에 서 있으면 낚시터가 빤히 보인다. 그래서인지 낚시하러 오는 사람들 모두 우리 개울 건너 농로로 들어오는 게 일이다. 개울 앞으로 돌아가면 곧바로 낚시터가 나오기 때문이다. 저만치 차를 세워둔 채 걸어오는가 하면 마당에까지 차를 몰고 와 어떻게 가야 되는가를 묻는 경우도 있다.

그러노라면 길을 잘못 들어선다거나 우리 앞 개울건너 농로길을 수없이 드나든다. 풀이 우거져 있는 길섶이 끊겨 있는 줄 알고 가다 말고 어려운 후진을 하는가하면 저 앞에 가서 막혀있는 줄 알고 머뭇거릴 때면 소리치면서 괜찮다고 가시라고 하고 싶지만 들리지를 않을 것에 마음을 접는다.

자동차 소음으로 혹은 후진을 하느라 듣지 못하는 낚시꾼들에게 달려가 얘기해 주고 싶어 안타까울 때가 있다. 낚시터를 운영하는 것도 아니면서 여지없이 달려가서 이렇게 저렇게 가라고 알려주고 싶어진다.

어느 때는 낚시하다가 목이 마른지 "아주머니! 소주 있어요."라고 묻기도 한다. 그럴 때는 당연히 없다고 해야 되지만 그늘도 없는 낚시터에서 얼마나 뜨거우랴 싶어 대답하기가 민망하다. 아마도 가까운 곳에 슈퍼가 있을 줄 알고 왔을 텐데 와 보니 호젓한 마을에 가게라곤 없고 그래 다급한 마음에 가까운 우리 집을 찾아왔을 텐데 아무것도 해줄 수 없는 나로서는 민망한 마음이 들 수밖에 없다.

한편으로는 왜 철저하게 챙겨오지 않고 그렇게 우왕좌왕하는지 답답할 때가 있다. 낚시터라고 와 보니 슈퍼가 없는 바람에 가까운 우리 집을 기웃거리며 묻는 거지만 설혹 슈퍼가 있다 해도 기본적으로 챙겨올 것은 있는 게 아닌지. 음료수는 물론이고 비상식량이 될 라면 등은 필히 챙겨야 될 목록일 텐데 잊고 오다니 치밀한 사람들이 즐기는 소위 낚시꾼들로서는 있을 법한 일이 아니라고 보았다. 그러나 다시금 생각하니 그렇게 구하러 다니면서 무료해지기 쉬운 낚시를 즐길 수 있는 게 아닌가 싶다. 어느 때 무심코 창문으로 보면 진력이 나도록 앉아 있는 낚시꾼이 있다. 당연히 고기가 찌를 물기를 기다리는 거지만 내가 봐도 답답할 때가 많다. 아울러 그렇게 설불리 단정할 수도 없다 싶은 게 두 시간 세 시간 잘도 지키고 있다가 잠깐 새 자리를 뜨면 공교롭게도 그새 무는 고기도 없지는 않을 테고 그럴 때마다 얼마나 맥이 빠질지 상상이 간다.

멀쩡히 잘 지키고 있다가 자리를 뜨는 순간 그렇게 어처구니없는 일이 생긴다면 그야말로 황당할 것이기에 구실을 만들기 위해서라도 뭔가를 잊고 오는 게 습관으로 굳어진 것은 아닌지 모르겠다. 물론 어느 낚시꾼이 일부러 챙겨올 것을 일부러 빠뜨리기야 할까마는 그렇게 더러 챙겨오지 못한 물건 때문에 자리를 뜨게 되면서 무료해지기 쉬운 낚시에 탄력이 붙을 수 있다.

솔직히 소주를 사러 혹은 라면을 사러 가는 잠깐 새 고기가 물지는 않을 것 같은 생각 때문이다. 그보다는 오히려 오죽 잘 지키고 있다가 무료하다고 잠깐 자리를 뜨는 그 순간에 찌를 물 확률이 많을 것 같은 생각이 드는 것이다. 더불어 공교롭게 혹 물었다가 달아난다 해도 소주나 라면 등을 사러간 동안이라면 그나마 덜 속상한데 멀쩡히 잘 지키고 있다가 하도 답답해서 잠깐 자리를 뜬 순간 물었다면 그보다 약 오르는 일은 또 없을 것이다.

낚시에 문외한인 사람들이 대부분 어찌 그렇게 오래 앉아 있느냐고 하는 걸 보면 이해가 간다고나 할까. 정말 앉은 자리에서 싹이 나도록 앉아 있을 때는 참 어지간한 사람들이지 싶기도 하고 그럴 때 한두 가지 잊고 온다면 다소나마 무료한 마음이 덜어지는 것은 아닌지. 모든 낚시꾼이 한두 가지 물건을 그렇게 깜빡하는 건 아니겠지만 본의 아니게 물건을 빠뜨리는 것도 가끔은 뜻밖의 활력이 되기도 한다는 뜻이다.

　인생 또한 그럴 거라는 생각이 든다. 저마다 계획한 프로그램에 차질 없이 모든 걸 준비하면 그야 더 바랄 나위가 없지만 글쎄 어쩐지 그게 다는 아닐 것 같다. 살다 보면 얼핏 찌를 물었다가 잠깐 새 달아나는 고기처럼 목전에서 휙 사라지고 마는 경우가 있다. 그게 소망이 되었든 혹은 목표가 되었든 어떻게 속출된 상황이냐에 따라 허탈해지는 강도가 다르다.

　딴에는 철저하게 준비를 하고 시작했다가 낭패를 보게 되면 그거야말로 모든 것을 다 준비해 와서 자리를 뜰 이유가 없는 치밀한 낚시꾼의 경우와 다를 게 없다. 철저한 준비 완료에 세팅이 끝나 오로지 앞만 주시하다 보니 끝내는 진력이 나고 그래 잠깐 바람을 쐰다고 딴전을 피다가 놓치고 마는 낚시꾼의 오류가 더 속상하다는 의미다. 조금 허술한 부분도 생각하기에 따라 괜찮을 수 있다. 나사가 헐거우면 자칫 빠져 나가게 되지만 적당히 헐거울 때는 여유가 생기고 무엇보다 한 번 더 죔쇠를 트는 동안 더 완벽해질 수도 있음을 생각하여 본다.

내게 꿈같은 사랑

 줄장미가 피는 초여름. 따사했던 봄은 간 데 없이 어느새 무더위가 시작되었다. 봄인가 싶더니 그새 여름이 된 것 같은데 온통 붉게 핀 줄장미를 보니 아름답고 찬란한 봄, 시절의 자취가 남아 있는 듯 흐벅지다. 뭐랄까, 요즈음 내게 다가온 꿈같은 사랑이 찾아왔다. 그것도 세 번이나 찾아온 게 믿기지 않아 이따금 그것을 읊어 보곤 했던 것이다. 누군가 애써 증언하지 않아도 엄연히 내게 온 사랑, 뜻밖의 꿈같은 사랑에 감사를 표하고 싶어지곤 한다.
 내게 꿈같은 사랑은 곧 손자 두 명과 손녀다. 딸만 두 명으로 예쁘게 키웠다고 자부하던 내게 그렇게도 바라던 첫 손자를 볼 때는 세상을 다 얻은 것만치 좋았다. 아는 사람을 만나기만 하면 '나 손자를 보았노라'고 자랑하며 다니던 기억이 아직도 선하다.

　그리고 얼마 후 막내딸이 또 손자를 안겨 주었다. 정말로 부러울 것 없는 촌로로서 어깨를 으쓱하며 나만 이렇게 손자를 얻은 것 마냥 자랑스러웠다. 손자가 없는 사람은 무슨 재미로 사느냐고 외치곤 했는데 이번에는 큰딸 내외가 귀여운 딸을 낳았다. 손자 둘에 목메어 애틋함을 품고 살다가 손녀를 보니 또 더한 기쁨에서 훨훨 날아다니며 자랑하고플 정도로 참 예쁘다. 꿈같은 사랑이 또 한 번 내게 찾아 와준 것이다.

　사람이 본디 욕심은 끝이 없지만 손자 둘에 손녀에 이만하면 내게 꿈같은 사랑이 와준 거라고 늘 행복감에 젖는다.

　'여러분들 손녀딸도 우리 손녀같이 예쁜가요.'라고 묻고 싶을 때가 한 두 번이 아니다. 선한 눈매며 정말로 단풍잎과도 같은 어여쁜 손이며 이렇게 귀여운 손녀를 내게 보내주었구나 하며 그저 바라만 보아도 흐뭇하다. 손자는 의젓하고 누릴 것을 모습으로 보여주고 손녀는 예쁘고 귀여움으로 내게 평화를 안겨 주는데 어느 할머니가 마다하겠는가.

　어쩌다 그 기쁨을 글로 표현하고 싶어질 때가 있다. 하지만 막상 그 꿈같은 사랑을 표현하려니 막연할 때가 한두 번이 아니다. 내 실력으로는 스스로 꿈같은 사랑이라고 느끼는 감정을 표현하기 어려울 것 같다. 세상에는 말로 혹은 글로써 다 표현할 수 없이 벅찬 사랑이 있다는 것을 처음 알았다. 자식을 키울 때도 몰랐다가 손자를 보면서 비로소 알게 되었다. 늘그막의 행복이 이런 거라면 뒤늦게 귀한 보배를 얻은 격이니 더 바랄 게 없는 심정이다.

큰손자는 벌써 중학생이다. 공부도 잘하는 데다가 성격이 활달하고 통솔력도 있어 그런지 전교 부회장으로 활동 중이다. 언제나 맡은 일에 충실하고 하는 활기찬 모습이 의젓하리만치 어린애 티를 벗어나 이제는 제법 소년다운 티가 나는 게 어엿해 보인다.

둘째 손자도 벌써 4학년이 되었다. 무엇이든 열심히 하는 성격인데 얼마 전에는 기타를 배우겠다고 청을 넣었다. 음악을 좋아하는 딸 내외는 두 말 않고 허락했다. 덩치도 작은 게 그 무거운 것을 메고 다니는 게 얼마나 귀여운지 모르겠다. 저 열의가 얼마나 갈지 알 수 없으나 음악에 제법 소질이 있는 걸 보면 남들만치는 할 것 같아 그 또한 귀엽다.

유치원 시절 좋아하는 남자애가 있다기에 신기해서 내가 물었더니 그저 친구일 뿐이라고 야무지게 말하는 모습에 감탄을 한 적이 있다. 큰 아이들 같이 사귀는 사이라든가 정말로 좋아서라는 사이는 아니고 그저 친구일 뿐이라고 참으로 귀엽고 야무지게 말해 참 많이도 컸구나 싶었다.

지난 3월에는 손녀딸이 초등학교에 들어갔다. 까만 원피스를 입고 또래 친구들과 서 있는 것이 무척 대견했다. 딱 하나뿐인 손녀딸답게 얼마나 예쁘고 귀여운지 모른다. 특별히 책을 좋아해서 잠자기 전에도 책을 끼고 침대에 들어간다. 웬만한 동화책은 거의 다 읽어서 내가 가면 이따금 얘기를 들려주기도 한다. 아직 어리지만 똑똑하고 야무진 게 지 엄마 어릴 적 모습 그대로다.

아무려나 손자 손녀 셋이 초등학교에 이어 중학교, 고등학교를 들어가면서 나날이 커갈 것을 생각하면 구태여 먹지 않아도 배가 부를 것 같다. 손자를 보는 건 흔한 일인데 나만의 특권인 양 자랑하고 있다. 스스로도 남우세스러울 때가 있고 약간은 주책이다 싶을 때가 많으나 고것들만 보고 있으면 모든 걸 잊어버리고 빠져들곤 하니 참 모를 일이다.

내게 꿈같은 사랑을 준 녀석들이 하루하루 자랄 동안 나는 훨씬 늙어 버리겠지만 어느 때는 그도 일 없지 싶다. 어쩌다 생각만 해도 나도 모르게 미소가 떠오르는 녀석들, 깎은 밤처럼 귀여운 녀석들이 열심히 공부해서 저마다 한 사람 몫을 톡톡히 하게 될 것을 생각하면 세상 부러울 게 없다. 눈에 넣어도 아프지 않고 바라보는 것조차 아까울 정도로 예쁜 손자, 손녀가 있는 한 나는 세상 누구보다 행복한 사람으로 살게 될 테니까.

노루목 연정

    낙엽이 덮인 산을 오르다보면 여지없이 미끄러진다. 뜰에는 더러 새싹이 트기도 했으나 응달에는 얼음이 녹지 않은 곳도 있다. 삼월도 중순이면 봄이라 해도 아침저녁으로는 제법 쌀쌀하다. 여기는 또 말 그대로 산 속이라 아직은 썰렁한 게 봄이라는 느낌이 전혀 들지 않는다. 밤이면 두툼한 이불과 집안의 온기가 아직 필요하리만치 춥다.
    문득 저기 언덕배기 뒤로 이제 막 달아나는 노루 한 마리가 보인다. 커다란 귀와 누르끄레한 털이 유난히 까칠하다. 이따금 산에 오르다보면 내 발자국 소리에 놀라 부리나케 달아나는 노루가 눈에 띄곤 했었다. 바람 끝이 쌀쌀한 초봄, 들에는 아직 새싹도 나지 않았건만 무엇 하러 나온 것일까.

　노루는 사슴과의 짐승이다. 꼬리가 짧은 게 특징이며 겁이 많아 제 방귀에도 놀란다고 한다. 하지만 언제보아도 몸매가 가늘고 예쁘다. 털 색깔과 자그마한 얼굴까지도 참으로 예쁘다. 다리는 가늘고 그래서 빨리 달릴 수 있는지는 몰라도 어쩐지 애처로워 보인다.

　더러는 송아지만한 것도 있지만 우리 깊이 잠들지도 못하고 있을 때 노루잠을 잔다고 하는 것처럼 게다가 음력 동지를 조금 넘기면 저녁으로 노루 꼬리만큼씩 길어진다고 하는 것처럼 노루 하면 어딘가 예민하고 또한 가냘프기도 한 이미지를 느낄 수 있다.

　우리 어릴 때 어머니는 작은 소반에 밥을 차려 주셨다. 다 먹고 나면 어머니는 소반 다리 아래쪽에 새김이 없는 매끈하고 가는 부분을 행주로 닦으시면서, "노루종아리가 이렇게 가늘고 매끈했나"라고 하셨다. 가령 군살이 붙지 않고 소반다리보다 매끈해서 빨리 달릴 수밖에 없었을 것이다. 우리 남매가 학교에서 돌아올 때마다 간단히 소반에 밥을 차려 주시던 어머니 또한 유달리 바지런하셨는데….

　어머니는 또 항상 노루잠을 주무셨다. 늘 낮에는 바쁘게 생활하시다보면 언제나 동동거리게 되고 그래서인지 늘어지게 주무시는 걸 본 기억이 거의 없다. 잠결에 일어나 보면 한참을 이리 저리 뒤척이다가 얼마 후 잠들곤 하시던 어머니. 눈이 크고 자그마해서 항상 겁이 많아 보이던 노루처럼, 뭔가에 쫓기듯 바쁘게 사시더니 주무실 때도 여전히 그렇게 동동거리셨던 기억이 난다.

　어머니는 사는 데 쫓기고 계셨던 걸까. 주무실 때도 깨어 계실 때보다 작아 보였다. 아니 나 또한 언제부턴가 깊이 잠들지 못하고 밤중에도 몇 번씩 깨는 게 젊었을 때의 어머니 모습 그대로다. 사는 게 힘들고 지친 어머니가 밤중에도 노루잠을 주무시면서 신경을 곤두세운 것처럼. 남달리 예민한 성격도 아닌데 어쩌면 나도 그 옛날의 어머니처럼 뭔가 쫓기는 것 같은 느낌이다. 그나마도 오늘처럼 어쩌다 노루를 보면 그럴 적마다 "너도 사는 게 힘들구나. 먹을 게 없어 여기까지 내려왔을 테니 가엾구나."라고 혼자 중얼거리곤 했는데….

　불현듯 나 역시 노루처럼 쫓기기는 마찬가지라는 생각이 들었다. 어머니처럼 아버지 없는 가정을 지키느라고 동동거리지는 않았어도 세월에 밀리고 늙어가는 자신에 쫓기는 그런 식이었다고나 할지. 무엇보다 어머니는 더욱 초조했을 것 같아 마음이 무겁다.

　나야 뭐 어머니처럼 여러 남매도 아니고 그나마 딸 둘을 다 출가시킨 만큼 이제는 홀가분하다. 취미생활이든 여가선용이든 마음대로 할 수 있다. 나만 부지런하면 원하는 무엇이든 할 수 있는 나이임에도 뭔가에 쫓기듯 늘 초조했는데 어머니는 그 위에 집안의 분위기마저 안고 사셨으니 그 하루하루가 오죽 고달팠을까 싶은 것이다.

　노루가 숲 속 갈림길에 나타난 풍경은 한껏 전원적이었어도 그런 풍경일수록 오히려 우리 모르는 속내가 있다는 것처럼 말이다. 요즈음은 말하자면 노루의 수난기였던 것이다. 언젠가 벌써 몇 해째 수천 마리씩 포획되어 보신용으로 팔린다는 이야기를 들었다.

　옛날에는 겨울이면 먹이 찾아 내려온 노루를 애처롭게 여기면서 잡으면 액운이 생긴다하여 그냥 돌려 보냈다한다. 온 밭을 헤집고 다니면서 농작물을 망쳐 놓지만 그 여린 모습에 연민의 정을 느끼기도 한다. 오늘 이렇게 나의 발자국소리에 소스라치는 노루를 보면서.

　자기들의 서식지를 벗어나 마을에 자주 내려오는 것도 그래 우리들 눈에 자주 띄는 것도 무분별한 개발로 인해 서식지를 잃게 되어 비롯된 일이 아닐까도 생각하여 본다. 아직 내가 살고 있는 곳은 기껏해야 산을 깎아 농작물을 경작하기 위함인 것 같으나 그래도 숲이 없어지는 것에 대한 안타까움이기도 하는 마음으로 여겨본다.

길고양이들을 자유롭게 놓아서 키워온 주민들 때문에 유명해진 일본의 고양이 섬이나, 야생 사슴을 관리하고 돌보아 관광객들과 자연스럽게 어울리게 하여 유명해진 어느 유럽의 작은 시골 마을처럼 돌보아주지는 못해도 단지 건강을 위해 무조건 포획하는 일만은 없어야겠다는 생각이 든다.

결국 농가에까지 와서 농작물에 피해를 주는 것 또한 무분별한 개발로 산기슭에 있는 그들의 서식지를 파괴하면서 시작된 일인데 우리는 농가에 피해를 준다고 하면서 그물을 씌워 잡는 식으로 재차 괴롭히는 일은 없어야 되지 싶다.

노루가 내려오는 농가에 피해가 생기기는 하나 그 보상을 해주면서라도 인간과 노루와 자연이 함께 공존할 수 있는 방법을 찾아내는 게 오히려 타당할 것 같다. 노루가 살지 못하는 자연이라면 우리는 더더구나 살 수 없는 행태로 변할 테니까.

눈(雪) 내리는 날

　밤새 함박눈이 내렸다. 펄펄 눈 날리는 모습은 언제보아도 평화롭다. 눈을 밟으면서 사각거리는 소리를 들어본다. 불현듯 눈사람을 만들고 싶었다. 부랴부랴 아침을 먹고 손자와 함께 눈사람을 만들기로 했다. 모자달린 방한복에 벙어리장갑, 장비는 그만하면 충분했다.
　일단은 눈을 크고 작게 뭉쳐 놓았다. 그것을 다시 또 모아서 부서지지 않게 꼭꼭 다진다. 그렇게 돌멩이 같이 빚어 놓은 것을 눈 위로 굴리라고 손자에게 가르쳐 주니 곧잘 따라 한다. 점점 커지는 눈덩이를 보면서 좋아라 손뼉을 친다. 추워서 코끝이 빨개져도 열심히 굴려나간다. 마침내 더 굴릴 수

없게 눈덩이가 커졌다. 그것을 보고는 여자도 만들고 남자도 만들자고 신나게 움직이는 손이 제법 어른스럽다.

마침내 두 개의 눈사람이 완성되었다. 손자는 손자대로 나는 나대로 각자 만들었던 것이다. 녀석과 나는 똑같이 눈을 굴려 두 개의 몸통을 만들었다. 하나는 크고 하나는 좀 더 작게 만들어 올려놓고는 이목구비를 그려 넣었다. 솔잎으로 눈썹과 머리를 만들고 나뭇가지로 눈과 코를, 나머지 입을 만들었다. 그 위에 여름에 쓰던 밀짚모자를 찾아 덜렁 씌우니 하릴없는 눈사람이다.

내가 먼저 눈사람을 마당 나무 옆 의자에 올려놓으니 손자가 바로 옆에 얹어 놓는다. 그것을 보고 손자는 신난다는 듯이 웃고 깔깔거린다. 나도 얼결에 따라 웃다가 어느 순간 멈칫했다.

녀석이 만든 눈사람은 밝고 장난스럽게 보이는데 내가 만든 눈사람은 어딘가 그늘이 져 보였다. 어린아이가 아닌 촌로의 모습이었던 것이다. 표현 방법이 손자와 나는 다른 모습으로 치장이 되었다. 나만 느끼는 것인지 아무 말 없이 그저 좋아라하는 손자를 볼 때 그 시대가 나타나는 모습에서 헛웃음이 나온다.

똑같이 만들었는데 어찌된 노릇인지 모르겠다. 똑같이 웃고 깔깔거리며 솔잎으로 눈썹을 박고 모자를 씌우고 했지 않은가. 게다가 그림도 아니고 익살스럽게 만든 한낱 눈사람이었는데 싶어 종잡을 수가 없다. 시대적 감각은 어쩔 수 없는 것일까. 내가 아무리 이뻐 하고 같이 놀아 줘도 녀석과는 보이지 않는 어떤 장벽이 있는 건 아닌지 싶어 마음이 무겁다.
　하지만 그게 당연할 수 있다. 우선 눈이 왔을 때 좋아하는 모습 또한 내가 봐도 판이했다. 어젯밤 눈이 왔을 때만 해도 손자는 일변 방을 뛰쳐나가면서 눈이 온다고 좋아라했다. 하지만 나는 그래 눈이 오는구나 하는 정도로 끝났다. 눈이 오는 게 색다르고 좋기는 하면서도 어릴 때처럼 호들갑스럽게 반응이 나타나질 않는다. 오죽하면 눈이 올 때 좋아하는 건 어린애와 강아지라고 하듯 어른이 되면 그만치 시들해질 수밖에 없다. 그러니 눈사람을 만들어도 나이를 속이지 못하는 것처럼 하릴없는 촌로의 모습으로 비쳐지는 건 당연했다.
　하지만 그럴수록 마음만이라도 젊게 살아야겠다는 생각이 들었다. 내가 만든 눈사람이 그늘져 보인다고 잠깐 실망했지만 그것은 단지 겉으로 드러난 상황일 뿐 바꿀 수는 있다. 수준을 맞추는 것이다. 무엇을 하든 예쁜 손자들과의 벽을 완전히 치울 수는 없어도 상상할 수는 있다. 녀석은 지금 방학이 되어 잠시 내려왔으나 무엇이든 신기해하는 것을 보면 그게 바로 어린이 마음이었다.

점심을 먹고 나자 녀석은 잠이 들었다. 눈사람을 만드느라고 곤했던가, 고사리 같은 손을 쥐고 잠든 게 천진하다.

그 자그마했던 손이 이제는 내 손과 비슷하니 많이도 컸다. 방학이면 이따금 외갓집인 시골에 와서 할머니가 아닌 친구들과 신나게 놀면 더욱 신나고 재밌었을 텐데 또래 친구가 없는 마을에서 심심하다고 하지 않을까 걱정도 많았는데 혼자서 잘 노는 것을 볼 때마다 내심 고맙다. 녀석이라고 심심하지 않을 리는 없는데 나를 생각해서 다만 며칠이라도 더 놀다 가는 것 같아서 대견했던 것이다.

한편으로 저 어린 것이 지금 같은 마음으로 살기를 바라는 마음 간절하다. 오늘은 근래 드물게 함박눈이 내리고 눈사람까지 만들었으니 그 마음이 얼마나 즐겁고 유쾌했을지 상상이 간다.

나도 한때 그런 시절이 있었다는 생각에 울적했던 마음이 잠깐 수그러든다. 녀석도 혹 나중에 살면서 힘들 때라도 지금 나와 함께 눈사람을 만든 기억을 돌아보게 된다면 순수했던 마음을 잃지는 않을 것 같다. 내가 지금은 비록 사는 데 찌들었을지언정 녀석을 보면서 지난날을 회상하듯 그래 잠깐 천진했던 어린 시절을 생각하며 향수에 젖는 것처럼.

늦가을에

그때 나는 가랑잎 날리는 산속에 있었다.

바람이 불 때마다 우수수 떨어지는 잎사귀들. 문득 멀리 소나무 숲이 그린 듯 푸르다. 낙엽을 쏟아내는 나무들 사이로 울타리처럼 둘러싸고 있다. 늦가을이 되어 나뭇잎이 모두 낙엽으로 떨어지는데 멀쩡히 푸른 잎을 달고 있는 소나무가 만추의 계절에 약간 겉도는 느낌이었다. 가을 하면 단풍이 지고 마침내는 가랑잎으로 날려야 어울릴 성싶지만 잎은 죄다 떨어지고 앙상한 가운데 낙락장송 같은 나무가 유일하게 울타리를 만들어줄 것이다.

바람이 불 때마다 수많은 나뭇가지가 일렁이면서 특유의 노래를 지어낼 테니 세상에 드문 교향곡도 들을 수 있겠다. 얼마 후 서설이 날리고 추워져도 푸른 나무로 깔축없이 지낼 모습이 생각만 해도 설렌다. 내가 심지도 않은 걸 생각하면 좀 외람되기는 했어도 늦가을 고즈넉한 날씨는 별나게 시적이었고 얼마 후 울타리가 될 거라는 게 더 가슴 뛰는 일이었다. 세상 어느 건축가도 자연스럽게 어우러진 소나무 울타리는 조성하지 못한다. 산 임자처럼 사다가 심을 수는 있어도 앞으로 재현될, 소나무 숲에 달이 걸려 있는 운치는 흉내낼 수가 없다.

생각하니 나무를 심지 않았을 때도 많은 것을 얻고 살았을 것이다. 이따금 바람에 나무가 흔들리고 그럴 때마다 숲 내음이 풍겨 오곤 했다. 요즈음 사람들이 선호하는 편백나무의 피톤치드까지는 아니어도 자주 맡을 테니 자연의 특혜야말로 건강에 여러 모로 유익할 것으로 본다.

하기야 시골에서 보면 거의 그런 식이다. 초여름 갓 모를 낸 논에서 땅내 맡은 벼가 파랗게 올라올 때는 참으로 대견스럽고 신기하면서 그 푸른빛을 볼 때면 생동감에 불끈불끈 젊음이 샘솟는 듯하다. 그러다 황금물결에 덮이면 익을수록 숙이는 묘리를 보기도 했다. 잘 가꿔 놓은 유원지를 지나면서 탄성을 올리듯 탓할 사람은 없을 것 같다. 아무리 야박한 사람도 왜 내가 심은 꽃을 즐기느냐고 지청구를 주지는 않는다. 들어갈 때는 입장료를 내지만 지나치면서 완상하는 건 얼마든지 가능하다.

  곡식이든 과일나무든 가꾸는 건 주인의 소관이나 거기서 풍요로운 계절을 느끼는 것은 저마다의 운치다. 나 역시 이따금 텃밭에 푸성귀를 뜯어 김치를 담그기도 하지만 그럴 때 보는 자연의 풍경이 더욱 소중하다. 언젠가 놀러온 이웃 사람이 사철 푸른 숲을 보고 맑은 공기를 마시는 것에 도지를 내고 싶다고 한 적이 있었다. 누가 봐도 어처구니없는 일이고 받을 사람도 없겠지만 어쩌다 시골에 온 사람으로서는 그렇게라도 고마움을 전하고 싶을 만치 소중한 숲이 아니었을까. 숲이 아니면 전원생활도 각박해질 테니 떠가는 구름과 푸른 하늘과 별을 헤며 생각지 못한 기쁨에 들뜨는 것만 봐도 알 수 있다.

  힘들 때는 가족과 친구의 위로를 받지만 어려울 때 하나둘 떠나고 나면 하늘과 숲 그리고 주변의 경관에 의존하기도 한다. 자연에서 즉 돈으로 환산할 수 없는 것을 받는데도 대부분 의식하지 못하는 우리지만 이따금 만추의 계절에서 행복을 느끼며 자연의 소중함을 새삼 돌아보곤 하는 것이니까. 지금 떨어지는 가랑잎이 겨우내 썩어 봄에 새 잎이 날 때 더욱 푸르러지는 것처럼.

　마음이 풍성해진다. 내가 가꾼 것은 아니어도 공짜로 풍경을 보고 즐길 수 있는 게 특별한 행복으로 다가온다. 누군가 잘 가꾼다 해도 지금 내가 보는 것 같은 만추의 서정은 재현하지 못할 것 같다. 나 역시 가랑잎 날리는 산속에서 풍경을 완상하는 격인데 누구 하나 타박할 리 없고 나 역시 미안하지 않으니 그게 돈으로, 권력으로도 살 수 없는 자연 경관의 특혜이리라.

　햇살이 노곤해진다. 얼마 후 단풍은 조락의 아픔을 쏟아내고 우리는 또 늦가을 향연에 끼어드는 축복의 날이 될 것이다. 조건 없이 주는 선물을 받아 나는 또 소박한 자연인으로 살면서 누군가에게 분수에 맞춰 사는 행복을 전수하고 싶다. 봄에 싹이 트고 녹음으로 푸르러지고 그러다가 끝내는 낙엽으로 지는 과정을 묵묵히 수용하는 숲 속 나무그루의 메시지를 들으며 자연인으로 사는 과정을 돌아보는 셈이다.

달빛 쏟아지는 남원에서

저만치 강변에 펜션이 보였다. 앵두나무 꽃이 화사하게 핀 뜰을 돌아가니 모퉁이에 내가 거처할 작은 방이 나왔다. 남원의 명소인 광한루를 보고 싶은 생각에 얼른 들어가 짐을 풀고 뒷산을 따라 걸었다.

그렇게 얼마를 걸었더니 멀리 광한루가 나온다. 모처럼 날을 받아 남원 춘향제에 온 것이다. 올해로 벌써 87회 째인데 이도령과 춘향의 애틋하고도 고결한 사랑이야기 「춘향전」은 이제 우리만의 것이 아닌 세계인의 가슴속에 감동적으로 살아 숨 쉬고 각광받는 추세다. 그 위에 춘향의 절개와 정절을 부덕의 상징으로 숭상하고 이를 기리기 위한 춘향제가 매년 개

최되고 있는 것이다.

  광한루는 본래 조선 초에 지어진 건물이다. 1419년 남원으로 유배 온 명재상 황희가 광한루를 올렸다. 당시의 이름은 광통루였다. 1434년 중건의 과정을 거쳤는데, 정인지가 광한청허부(廣寒淸虛府)라 칭한 후 광한루라는 이름으로 불리게 되었다. 광한청허부는 달나라의 옥황상제가 사는 궁전을 뜻한다. 밀양 영남루, 진주 촉석루, 평양 부벽루와 함께 우리나라 4대 누각에 들 정도로 만듦새가 뛰어나다.

  춘향제에 들렀다. 광한루에는 성춘향과 이몽룡의 정취가 서려 있다. 춘향전은 신분의 벽마저 허문 두 사람의 지고지순한 사랑이야기로만 알려졌다고 익히 들어 왔지만 신문에서 보면 '춘향전' 원전에는 '혼인빙자' '명령불복종' 등 두 사람이 지은 각종 죄명이 쏟아져 나온다고 적혀 있지만 흔한 말로 사랑은 모든 것을 덮는다고 하는 것처럼 힘든 옥살이도 감수하며 이몽룡을 기다린 순수한 사랑만 길이 전해져 오지 않았던가.

  문득 근처에 추어탕집이 보였다. 갑자기 시장기가 밀려온다. 광한루를 보고 싶은 마음에 도착하는 대로 짐만 풀고 나온 길이다. 게다가 남원하면 또 추어탕이라고 했던 것처럼 추어탕 집에는 많은 사람들로 북적였다. 시간도 어느새 저녁이 되었고 그래 더 손님들로 북새통인 것 같다. 간신히 비집고 앉아 추어탕을 먹으면서 남원하고도 성춘향과 이몽룡에 대한 기억을 다시금 더듬어 본다.

떠들썩한 식당을 빠져 나와 근처 언덕에 올라갔다. 그새 밤이 되고 달빛이 하얗게 쏟아져 내린다. 축제라 해도 늦은 시각이라 그런지 몇 몇 노인 분들만 달빛 쏟아지는 누각에서 장기와 바둑을 두고 있을 뿐 고요하다.

주변을 보니 달빛이 온통 새하얗게 빛난다. 자리를 잡고 앉아 호수를 바라보니 물가에도 동두렷 달이 떠간다. 음력 초열흘쯤 되고 보니 그새 반쯤 차오른 달이 흡사 한 척 조각배마냥 떠가는 게 그야말로 한 폭 풍경이다. 그 옛날 이몽룡과 성춘향도 달 밝은 밤이면 여기 나와서 정회를 나누었을 거라는 생각에 달빛이 더욱 고즈넉하게 느껴진다. 춘향제로 배 띄우니 이몽룡의 모습도 함께 달빛과 불빛에 어우러지고 있다. 휘황찬란한 불빛과 은은한 달빛 속을 오가는 수많은 인파를 보니 마치 밤중에 피어난 야화처럼 예쁘다

문득 광한루에 얽힌 두 사람의 사랑이 뭘까 싶은 생각이 들었다. 영화로도 보고 고대소설에서도 숱하게 보았지만 주제는 단순한 사랑이 아니었다. 아니 그 주제를 단순히 사랑으로

보기에는 춘향의 꿋꿋한 모습이 전편에 걸쳐 드러나 있다. 아득히 오래전 국어 시간이었던가. 국어 교과서에 춘향전의 한 단락이 실려 있었고 그 대목을 배우는 중이었는데 선생님이 돌연 춘향전의 주제가 뭔지를 물으셨다. 우리는 약속이나 한 듯 다들 사랑이라고 의기양양 대답했건만 선생님은 아니라고 하셨다. 모두가 정답이라고 믿어 의심치 않았다가 다들 머쓱해졌는데 선생님이 절개라고 하시는 바람에 나도 모르게 그렇구나 하면서 무릎을 쳤다.

그래 사랑도 사랑이지만 더욱 중요한 것은 신념이나 약속 따위를 굽히지 아니하고 굳게 지키는 꿋꿋한 절개였다. 사랑도 즉 두 사람의 약속이었기에 칼을 쓰고 옥에 갇혀 있으면서도 절개를 굽히지 않았다. 그 위에 온갖 박해를 받으면서 지켜 온 사랑의 대상이 추레한 거지꼴로 나타났어도 오히려 어머니에게 새 옷을 해 입히라고 하는 것도 무척이나 살뜰한 정경이다. 사랑뿐이 아닌 우리 역시 가진 바 신념을 버리지 않고 꿋꿋이 살기가 쉽지 않다. 누구나 나름 뚜렷한 신념을 갖고 있지만 살면서 조금 힘들어진다는 핑계로 아무렇게나 팽개치는 경우가 없는지 돌아볼 일이다. 살다보면 소신을 굽혀야 할 때도 있지만 단순히 이익을 위해 그런 거라면 그 또한 자기 삶의 격을 떨어뜨릴 수 있다.

오랜 상념에 젖다 보니 얼추 밤이 깊었다. 깊어가는 밤 은은한 달빛 때문인지 근처의 사우나실로 향하는 마음이 고즈넉하다. 밤인데도 사우나장에는 많은 여인네들로 붐볐다. 그중 어떤 분이 커피를 그것도 냉커피를 함지박에 얼음물 띄워서 갖고 들어온다. 휘휘 저어 설탕과 고루 섞어 한 잔씩 나눠 먹었다. 낯선 곳에서 그것도 전혀 모르는 분이 타온 커피를 맛있게 먹고 있으니 이 또한 남원의 인심이 아닌가 싶다.

처음 보는 낯선 사람들끼리 정담을 나누며 먹는 모습이 달빛 쏟아지는 광한루 풍광만치나 아름답다. 그래서 더욱 아름다운 이몽룡과 춘향의 아름다운 사랑이 전해져 왔을 거라고 생각해 본 하루였다.

2.
먼동이 틀 무렵

닭이 운다

 저번 달 오일장에서 닭을 몇 마리 사왔다. 장닭 한 마리에 암탉 다섯 마리를 사와서 닭장에 풀어놓으니 먼저 먹이통으로 부리나케 찾아간다. 가끔 닭이나 염소들을 볼 때면 먹는 것에 집착하며 더 많이 먹으려는 경쟁심이 다분함을 엿볼 수 있다.
 우리 집 닭장은 정말 잘 지었다. 위치 또한 정남향이라 여름에는 시원하고 겨울에는 습기가 차지 않는다. 틈만 나면 바닥을 버르집어 모이를 쪼아대기 때문에 언제나 보면 흙투성이가 되는데 배수가 잘 되지 않으면 냄새가 나고 질컥인다. 가끔은 바로 앞에 흐르는 개울에서 백로가 피래미를 잡아먹으면서 위를 쳐다보고 청둥오리도 앉아서 닭장을 부러운 듯 쳐다

보는 것은 나만이 아는 도도함일까.

아침이면 홰치는 소리에 잠이 깨곤 한다. 그리고 가끔 보면 한낮에도 운다. 대략 오후 2시 아니면 3시인 경우가 많은데 아마도 무료한 시간이라 그런 것 같다. 무심코 나가 보면 씩씩한 장닭이 기상도 시원스럽게 울어대고 있다. 공기 좋은 시골에서 그것도 내가 키우는 장닭의 울음소리를 듣는 기분은 스스로도 가히 명쾌하다. 올해는 특히 붉은 닭띠 해라는 것 때문에 더 그렇게 들렸을까. 첫 새벽 아침은 아니었으나 요즈음 같은 때 닭 울음소리를 듣고 사는 게 어디 보통 일인가 싶다.

마루에서 내려다보면 가끔 닭장 안을 서성이곤 했었지. 닭 중에서도 별나게 씩씩한 장닭을 보면 내가 키우는 닭이지만 무척이나 믿음직하다. 먹이를 찾는 것도 같고 아니면 순찰을 도는 듯 유유히 활보하는 모습이 오늘따라 유다른 정경으로 다가온 것이다.

문득 요모조모 생김을 살펴보는데 새삼스러운 말로 아주 사나운 몰골이다. 쏘아보듯 예리한 눈과 날카로운 부리, 촘촘히 박혀 있는 깃털은 또 갑옷의 비늘처럼 견고해서 잔뜩 무장한 모습이다. 먹이라도 찾는 듯 땅을 버르집는 발가락 또한 다부진 게 어디 한 구석 만만한 데가 없다. 오죽하면 '오달지기는 사돈네 가을 닭'이라고 할 만치 야무진데다가 날개까지 있으니 활동력이 강하다는 게 괜한 소리가 아니었다.

 가장 큰 특징은 뭐니 뭐니 해도 붉은 벼슬인데 한마디로 위풍이 당당하다. 서슬이 푸르게 그것도 머리 꼭대기에 달려 있는 모습이 과연 벼슬이라고 할 만하구나 싶다. 아니 '벼슬'은 곧 관아에 나가서 나랏일을 맡아 다스리는 자리, 또는 관직을 말할 뿐 다른 뜻은 없다. '닭이나 새 따위의 이마 위에 세로로 붙은 살 조각'은 곧 벼슬이 아닌 '볏'이지만 충청, 경상 지역에서는 '볏'을 벼슬이라고 했다는 말이 있다.

 말하자면 사투리이기 때문에 '벼슬'이 아니라 '볏'이라고 하는 게 올바른 표기법이지만 조선시대 사대부 집안사람들이 쓰고 다니던 관을 보면 끝이 뾰족한 게 어김없이 닭의 벼슬을 닮았다. 품계가 높아지고 신분이 상승되는 과정을 '벼슬이 높아진다'고 하듯 벼슬이 곧 옛날 관아에 출근하는 사람들이 닭의 깃을 꽂고 다닌 것에서 유래한다면 전혀 터무니없는 말은 아닌 것 같다. 그렇더라도 근거가 약하기 때문에 함부로 드러낼 수는 없되 특별히 닭띠 해를 맞아 조심스럽게 펼쳐보는 것이다.

목청을 들어보면 또 드물게 시원스럽다. 지금 나른한 오후에 들을 때는 말할 것도 없지만 첫새벽에는 그야말로 당당하고 우렁찬 소리다. 그렇게 울 때마다 귀신과 요괴 등이 놀라 사라졌다고 하는 게 수긍이 간다. 비록 옛이야기라 해도 그로써 정결한 하루가 시작되었을 거라고 생각하면 첫 새벽 여명을 가르는 것으로 닭 울음만한 것은 또 없을 것이다.

 날마다 그렇게 때를 맞춰 울면서 새벽을 알리곤 했으니 그야말로 '알람시계' 역할을 톡톡히 했다. 그래서 다섯 가지 덕의 하나인, 믿을 만하다는 신(信)으로 일컬어졌을까. 벼슬(冠)은 또 문(文)을 나타내며, 발톱은 무(武), 적이 나타날 때 용감히 싸우는 것은 용(勇), 먹이를 찾아낼 때마다 꼬꼬꼬 하면서 무리를 부르는 것은 인(仁)의 경지라고 했다. 무엇보다 닭 울음소리를 들으면서 하루를 설계하고 횃대에 올라가는 시간에 맞춰 하루를 정리했다니, 집안에서 키우는 가금류 중 닭보다 친숙한 것도 드물다는 뜻이다.

 2017년 올해는 정유년 닭띠 해였다. 그중에서도 붉은 닭띠 해였던 만큼 그래 신년부터 복잡다단했었나 보다. 지나고 보면 연년이 그런 게 사실이나 닭의 해라고 생각하니 더 그런 느낌이 들었을 것 같다. 생김처럼 사납게 구는 것이 원래 기질이라. 그래서 닭싸움이라는 말도 나왔을 것이다. 툭하면 쪼아대는 버릇 때문이지만, 잠시 전 울어대던 수탉이 한 차례 순시나 하듯 닭장 주변을 살피는 것을 보면 엄연히 가족을 지키는 차원이었다. 공격적일 것 같아도 괜한 시비로 싸움은 걸지 않는다. 말은 즉 싸움이라 하지만 용감하기는 해도 힘을 과시하는 등의 무모한 기질은 없다는 뜻이다.

특별히 처가에서 백 년 손님 사위에게 씨암탉을 잡아 극진히 대접하고 사람들은 또 한여름 보양식으로 삼계탕을 끓여 먹는다. 버릴 게 거의 없고 십이지 중 유일하게 날개가 달린 동물이다. 최근에는 비록 조류독감으로 수난을 겪고 있으나 첫 새벽 홰를 치면서 울어대는 소리를 생각하면 어수선했던 마음은 사라지고 가슴까지 시원해진다.

도도히 흐르는 탁류(濁流)

마침내 비가 내렸다. 한 달 이상을 가물더니 연이틀 비가 쏟아지면서 개울이 온통 흙탕물이 되어 흐른다. 비를 맞은 나무는 금방 푸르러지고 마당가의 풀도 함초롬 비를 맞아 파랗게 살아났다. 비를 맞아 모두가 새롭게 태어나는 모습이 보는 것만으로도 상쾌하다.

비 오기가 그렇게 힘든 줄 몰랐다. 나야 농사를 짓지 않으니 잘 몰랐는데 하늘을 쳐다보며 비 오기만을 기다리는 이웃사람들은 걱정이 태산이다. 참깨가 타 들어가고 고구마는 아예 싹을 틔우지도 못했다며 울상이다. 비가 올 듯 흐린 날은 약속이나 한 듯 정자나무 그늘에 앉아 오늘은 비가 오려나 하고 기대하지만 그거야말로 비구름이 아닌 짙은 안개와 미세먼지 때문에 나타난 현상이다. 그렇게 오랜 날 참으로 답답하기만 했는데 끝내는 비가 내렸으니 천만다행이다.

  그 옛날 오죽하면 기우제를 다 지냈을까. 농사짓는 사람들은 말할 나위가 없고 그게 아니어도 일단은 사람들까지 지치는 것 같다. 가물을 타는 게 어찌 작물뿐이겠는가 싶다. 그나마 내가 보기에는 꽤 오는 것 같았는데 동네 어른들은 이것으로는 해갈이 어렵다고 한다. 그렇더라도 1차 급한 불은 끈 것 같다는 말씀에 걱정을 들었다. 나야 무엇을 알겠는가. 농사를 억수로 지은 것도 아닌 것이, 하지만 지금에는 조금 아주 조금은 눈치가 생겼다. 이 정도면 또한 비가 더 와야겠다는 어림짐작으로 말이다.

  얼마를 빗줄기가 뿌려주었던가 우리 집 앞 개울물이 제법 내려간다. 그것도 도도히 흐르는 탁류(濁流)다. 탁류면 어떠랴 탁랑이면 어떠랴 흘러가는 물줄기를 보니 오늘따라 풍류를 즐길 만하다. 언제나 나에게는 자그마한 옛 집과 넓은 텃밭과 앞 개울물을 사랑으로 감싸 안으며 생동하는 내 가슴에 손을 얹고 마냥 설렘을 만끽하는 나는 오늘도 도도히 흐르는 탁류(濁流) 앞에 쳐다보는 마음마저 탁함이 아닌 흐린 물줄기로 하여금 행복감을 느낀다. 이렇게 즐겨도 되는 것인가에 그래도 좋다. 살 만하다. 만끽할 만하다.

오후가 되자 비가 조금씩 그치고 있다. 개울가를 따라 내려가니 팔딱이며 역류하는 수많은 물고기가 보였다. 그중에는 애들 팔뚝 만하게 큰 것들이 도도히 물 흐르듯 헤엄을 치며 노닐고 있다. 평소 지나다 보면 피라미가 어울려 놀던 곳인데 비가 내리면서 어디서 나타났는지도 모를 커다란 물고기가 헤엄을 치고 있으니 놀랍다.

어쨌든 모처럼 내린 비로 해갈이 되는 건 물론 시냇가의 물고기까지 그야말로 물 본 기러기처럼 팔딱이며 신나게 놀고 있으니 '이제는 되었지'라는 생각이 들었다. 한낱 피라미조차 살지 못하는 개울이라면 거기 터 잡아 사는 우리로서는 도대체 곤란한 일이기 때문이다.

다시금 바라보니 콸콸 흐르는 탁류가 거대한 음악처럼 웅장하다. 탁류에서 반주하며 흐르는 음악성을 오늘에야 우렁찬 모습과 잔잔함에서 탁류라는 제목을 붙여 아름다운 화음으로 연주하여 봄직하다. 가뭄 끝에 내려온 우기에 그것도 많은 물줄기로 하여금 또한 산에서의 흙탕물로 시작하여 나의 집 개울에 흐린 물줄기를 그것도 바닥의 옥석에 덕행을 더하여 도도히 흐르는 탁류 앞에 오늘도 행복에 겨워 흐르는 물을 하염없이 바라보고 있다.

 반짝이는 피라미들의 놀이터에 많은 비로 하여금 마을 어귀에 있는 저수지에서 역류하여 올라온 큰 물고기의 모습에서 또 다른 평화로움을 엿볼 수 있다. 물고기들의 평화를, 탁류에도 도도히 노니는 물고기들의 여유로움을 보면서….

두릅 따는 날

오늘은 두릅을 따는 날이다. 봄나물의 제왕이라는 두릅. 우리 집 동산에는 두릅나무가 많아서 이맘때면 두릅 순이 뾰조록 돋기 시작한다. 한 바구니 따서 초고추장에 찍어 먹을 참이다. 혹은 무치기도 하고 많을 때는 장아찌로 두고 먹을 수 있어 얼마나 좋은지 모르겠다.

맛이 좋고 영양학적으로 뛰어난 것은 그렇다 쳐도 일단은 내 손으로 채취하는 과정이 소중했다. 가시에 찔리는 것만 빼고는 모든 게 수월하다. 어디 먼 거리의 산으로 가는 것도 아니고 집 뜰, 동산에서 아무 때고 딸 수 있다. 다듬을 것도 별반 없이 따는 대로 금방 데쳐서 먹을 수 있으니 여간 편리한 게 아니다. 높은 곳에 돋아난 순은 나뭇가지를 눌러 나지막하게 한 다음 꺾는 마음은 그저 보물을 캐 담는 기분이다. 맛 또한 좋아서 아무리 먹어도 물리지 않으니 신록이 우거진 초여름 봄나물의 제왕이라는 두릅을 채취한다는 것은 여간한 호사가 아니다. 입 안 가득 쌉싸래한 봄내음을 만끽하며 열심히 따 담는 것이다.

두릅은 두릅나무의 새순이다. 청신한 향과 아삭한 식감으로 봄나물의 제왕이라 불린다. 정말로 새순을 딸 때면 제왕의 품위가 우러나온다. 마트에서 사오는 것이 아닌 손수 두릅나무에서 딸 때면 흐뭇한 마음에 가시에 찔리면서도 아픈 줄 모른다. 몸에 활력을 불어 넣고 피로를 풀어줘 춘곤증에 최고로 꼽히는 나물이 두릅이라 한다. 섬유질 함량이 높고 특유의 쌉싸래한 맛은 인삼에도 들어 있는 사포닌 성분이라 한다.

우리 집 작은 동산에는 산채나물과 개두릅, 땅두릅, 참두릅, 솜털 뽀송한 고사리까지 두루두루 봄에 먹을 것들이 다양하게 많이 자라고 있다. 나무 사이사이로 그늘진 곳에 많은 나물들과 두릅으로 하여금 봄이면 늘 채취하는 기분과 꺾는 멋으로 봄 기분으로 하여금 활력을 불러온다. 이것이야말로 자연산 아닌가. 손님이 와서 음식을 차려낼 때도 장을 보러 우정 갈 것도 없이 잠깐 나와서 한 바구니 따다가 요리를 하면 그만이다.

두릅이 나오기 전 초봄에는 단나물이 돋기 시작한다. 그것을 도려서 살짝 데치면 쌈장만 있어도 훌륭한 반찬이 된다. 그 외에 텃밭 주변을 돌아가면 냉이와 씀바귀 등 얼마든지 있다. 사려면야 장에 가면 얼마든지 있을 것이나 우선은 볕을 받아 큰 것이라 맛이 있고 특별히 음식솜씨가 부족하여 잘 차려내지도 못하는 나로서는 그렇게 온 마당 구석구석 나물이며 푸성귀를 심어놓는 것으로 한시름 덜곤 한다. 봄이면 늘 나물과 두릅, 달래, 취나물로서 반찬은 그득한 한 상이 된다. 오늘도 두릅과 망초대 등 몇몇 나물을 차려내고 보니 상이 그들먹했다. 이 정도면 갑자기 딸 내외가 들이닥쳐도 보리밥과 된장국 하나만 추가하면 충분할 테니 걱정할 게 없다. 산해진미에 고기반찬은 없지만 무공해 식품이란 것만 내세워도 요즈음 같은 세상 드물게 맛난 반찬이 될 것이다.

며칠 있으면 아이들도 온다니 두릅산적도 좀 해주어야겠다. 두릅과 당파 고추를 한 개씩 끼워 달걀에 부쳐내는 것이다. 살이 통통한 두릅과 맵싸한 고추와 당파에 어울린 산적 맛은 내가 봄 요리 중 으뜸으로 치는 메뉴다. 명절이면 쇠고기 산적 등 가지가지 산적을 보아 왔으나 나로서는 내 집 앞동산에서 딴 두릅과 텃밭에 고명으로 키우는 풋고추를 넣어서 지져 내는 산적이 최고다. 세상 드물다는 고량진미 산해진미가 부러울 게 없는 그런 심정이라고나 할까.

아침내 허덕대고 돌아다닌 끝이라 그런지 피곤하다. 이제 데치고 남은 두릅을 어떻게 해야 할까 하다가 옳거니 장아찌를 담가야겠다. 연하게 자란 것은 아까 이미 데쳐 놓았고 남은 것은 조금 억센 두릅이다. 작년 그러께 담근 대로 물과 설탕, 식초를 1:1:1로 넣었다. 이렇게 해서 꼭 닫아서 밀봉을 한 뒤 석 달쯤 지나 먹으면 새콤달콤하니 아주 맛있게 익는다. 언제나처럼 반찬이 궁할 때 꺼내 먹으면 맛이 깔끔해서 먹기가 좋다. 입맛이 까다로운 남편도 아주 좋아한다. 며칠 동안 나물로 먹은 것도 얼마나 많은데 이제는 장아찌로 여름내 먹을 수 있으니 동산에 두릅나무 몇 그루 심어둔 게 이렇게 요긴할 줄 몰랐다.

이제 5월이면 오가피나무 순도 달릴 것이다. 그것도 두릅처럼 나물로 먹어도 좋고 실컷 먹다가 잎이 쇠기라도 하면 그 또한 장아찌를 담글 수 있다. 요리 과정도 비슷하고 무엇보다 두릅처럼 별반 손질할 게 없으니 요리 솜씨가 없는 내게는 그야말로 안성맞춤 식재료다. 아기자기한 양념 맛도 음식의 조건이지만 그보다 별다른 양념이 들어가지 않아도 재료 자체가 우수한 나물이면 그 또한 충분하지 않을까. 우리 집 뜰에 봄나물의 제왕인 두릅나물이 있고 그에 버금갈 오가피나물 또한 지천으로 먹을 수 있으니 작히 좋으랴 싶다. 오늘도 입 안 가득 쌉싸래한 내음에 취해 보면서 맛도 영양도 뛰어난 자연산 보물 두릅을 따는 이 기쁨은 누구나 쉽게 누릴 수 없을 거라는 생각에 무한 행복한 하루였다.

둔덕에 앉아서

며칠 간 춥더니 오늘은 봄 날씨 마냥 따뜻하다. 두꺼운 잠바를 걸쳤더니 옷이 묵직하다. 그래도 응달에서는 바람기가 쌀쌀해서 그냥 입고 동산에 올랐다. 야트막한 둔덕에 자리 잡고 앉았다. 아직 싹은 트지 않았어도 푸른 하늘과 멀리 아지랑이를 보니 봄기운이 느껴진다.

무료하게 앉아 있는데 고양이 한 마리가 새끼를 거느리고 어디론가 가고 있다. 어디 먹이라도 찾으러 가는지 어린 새끼들을 인솔하고 집 모퉁이를 돌아나가는 어미 고양이를 보니 몇 해 전 일이 생각난다. 그때도 지금처럼 따스한 봄이었다. 해마다 그랬던 것처럼 우리 집 처마 밑에는 그때도 제비 일가족이 살고 있었다. 어느 날 한 쌍이 날아와 집을 짓고 살더니 곧이어 알을 까고 새끼를 쳤다.

　아침이면 어미가 먹이를 물어 나르는 게 보였다. 그럴 때마다 새끼들은 일제히 주둥이를 벌리고 어미는 달래기나 하듯 먹이를 넣어준다. 볼수록 흐뭇한 정경이었는데 어느 날 요란스러운 비명이 들렸다. 깜짝 놀라 나가 보니 고양이가 제비집을 습격하는 중이었다. 비명소리에 놀라 나오기는 했어도 너무 높아서 어찌할 바를 모르고 있는데 그러는 동안 제비 새끼 몇 마리는 벌써 고양이가 모두 잡아먹은 뒤였다. 정말 아찔한 순간이었다. 처마 밑이면 고양이로서는 높은 곳일진대 그렇게 재빨리 뛰어올랐을 것을 보는 순간 미움마저 들었다.

　그때의 그 무서운 광경은 지금 생각하여도 가슴이 두근거리고 정말 고양이란 놈이 얄밉다고 했으나 지금 저 어린 새끼를 대동하고 가는 모습을 보니 그때의 고양이도 새끼를 위해서 그리 모험을 감행했던 것 같다. 가여운 내 새끼를 배불리 먹이려고 갓 태어난 제비 새끼를 습격하는 동물이 어디 고양이 뿐이겠는가.

　모성애는 결국 비정한 것이다. 불쌍한 자기 새끼를 위해서는 세상 못할 게 없으니까. 그렇더라도 해마다 봄이 되면 새끼들 몇 마리가 죽어가곤 했으니 나로서는 걱정이 태산 같았다. 봄이 되면 제비는 해년마다 우리 처마 밑에 집을 짓곤 했지만 그럴 때마다 마음이 무겁다.

올해는 정말 무사하기를 빌면서 어느 날 제비들이 막 우짖을 때는 부리나케 달려 나와 고양이를 쫓아내곤 하지만 도둑 하나를 열이서 어찌 당하겠는가. 자기 새끼가 위험하다고 도움을 청하는 제비를 아무것도 해주지 못한 게 지금도 미안한데 지금은 또 고양이가 먹을 것을 찾는 듯 새끼를 데리고 가는 걸 보며 그 옛날 어머니가 자식인 우리에게 베풀었던 사랑이 떠올라 만감이 교차한다.

특히나 힘들게 사셨던 어머니가 아픈 기억으로 떠오른다. 얼마나 어려운 시대였던가. 지금 젊은 사람들로서는 상상조차 힘든 일이지만 배만 곯지 않으면 제법 잘 산다고 했던 그 시절 우리 오 남매를 위해 그야말로 일만 하셨던 어머니. 아버지가 계실 때도 여러 남매 키우느라 힘드셨을 텐데 돌아가시고 나니 고생이야 말할 나위가 없었다.

일에 지쳐 그런지 늘 보면 초저녁부터 주무시곤 하셨다. 어느 날 고우신 얼굴이 까맣게 그을리고 주름이 가득한 것을 보았을 때의 그 놀라움. 그러면서도 겉으로는 짐짓 퉁명을 부리곤 했다. 속으로는 남달리 고생하는 어머니가 안타까운 생각이 들면서도 아니 그래서 더 짜증스러운 마음에 더 그랬다. 가뜩이나 힘든 어머니를 생각하면 그러지 말아야지 하면서도 부러 더 짜증을 내곤 했는데 나무라기는커녕 그 마음을 다 아시는 양 빙그레 웃으시곤 하셨다.

하지만 그렇게 인자한 어머니도 표변할 때가 있었다. 나이 드시면서 며느리나 아들 내외가 조금 섭섭하다 싶으시면 딸인 내게 한탄하실 때가 있다. 참으로 많이 변하신 모습에 안타까움마저 든다.

고양이가 지나간 길을 다시금 바라본다. 고양이라면 다들 알다시피 앙칼지고 표독스러운 동물이다. 고양이가 극성을 떨면 쥐가 없어서 좋기는 해도 이따금 표독스럽고 사나운 얼굴을 보면 오죽하면 사나운 표범이 고양이 과에 들어갈까 싶어지기도 한다. 애완용으로 좋아하는 사람도 있겠지만 나로서는 썩 내키지 않는 동물인데 그나마도 어미랍시고 새끼들을 대동해 먹이를 찾으러 다니는 모습이 푸근한 모정을 고스란히 나타낸다. 자식한테는 한없이 인자한 어머니. 더욱 그래서 한편으로는 본의 아니게 포악해지는 모정도 더러 있다는 것을 돌아보는 셈이다.

드림줄

　새삼스럽게 드림줄을 잡고 심호흡을 했다. 댓돌 위의 서까래에 매달린 줄을 잡고 성큼 마루에 올라섰다. 양반집 마님이나 된 듯 호사스럽다. 눈을 드니 널리리야 지붕은 허공을 차고 날아갈 듯 경쾌한데 바람결에 간단없이 흔들리는 한 가닥 드림줄이 무척이나 고풍스럽다.
　전주에 있는 그 집은 전통적인 한옥이었다. 몇몇 지인과 함께 전형적인 한옥을 찾은 것이다. 옛날 서까래에 줄을 매달아 마루를 오르내릴 때 붙잡도록 만들어 놓았다는 줄. 높은 마루를 쉽게 오르내리고 넘어지지 않도록 균형을 잡아주는 줄이다. 소위 양반이 살았을 법한 집은 규모도 크고 고풍스러운데 특별히 높은 마루를 오르내리기 좋게 장치한 드림줄이 이색적이었다.

예로부터 양반집에는 대청뿐만 아니고 방 문설주 적당한 높이에 실을 꼬아 드림줄을 매달아 놓았다. 예나 지금이나 노인들은 잘 넘어지게 마련이고 그로써 병이 되는 일이 흔하다 보니 그렇게 안전을 도모한 것이다.

어머니도 우리 5남매의 드림줄이었다. 드림줄이 넘어지지 않도록 하기 위한 거라면 어머니는 우리 집안의 드림줄이었던 것이다. 늘어뜨린 줄에 무게를 싣고 안전을 꾀하던 드림줄처럼 우리도 부모님께 매달려 어리광 부리던 일을 생각하면 마음이 절로 따스해진다.

그럼에도 그 따뜻한 줄을 잡으면서 좋았던 날을 잊어버리고 살지는 않았나. 생각조차 무지하게 하지 않았나하는 마음에 다시금 드림줄로 하여금 모두가 저 세상으로 가신 부모님을 생각하며 불효하였던 기억이 더 많이 남는다.

한밤중 그때 나는 으슥한 뒷간에 앉아 있었다. 꾸중을 들었는지 하여간 이유는 생각나지 않고 다만 뭔가에 삐쳐서 몰래 들어갔던 것이다. 어머님께 약을 올리고 싶었던 것인데 시간이 꽤 지나도 찾는 기색이 없다. 그게 더욱 약이 올랐지만 그냥 나가기에는 어쩐지 싱거운 노릇이라 얼마를 더 그렇게 앉아 있다 보니 자정이 훨씬 넘었다. 이제는 약이 오르고 뭐고를 떠나 으슬으슬 춥기 시작했다. 더 앉아 있어야 뾰족한 수가 생기는 것도 아니라 물색없이 나와 살그머니 방으로 들어가 밤을 새웠는데….

다음날 아침이 되어도 부모님은 아무런 말씀이 없으셨다. 분명 내가 밖으로 나간 것을 아셨을 법한데도 시치미를 떼고 있다. 가령 내가 곤란해질까 봐 짐짓 아무런 말씀이 없으신 줄은 알았으나 그래서 더 무색한 기분이었다. 뭔가를 물어보시면 잔뜩 별렀다가 심통을 부리고 싶었는데 아무런 기미가 없으니 제풀에 사그라지는 재처럼 흐지부지된 것이다.

그날 밤 예의 두려웠던 기억이 스치듯 지나갈 때가 있다. 어머니는 우리 남매가 잡고 일어설 수 있는 드림줄인 걸 몰랐다. 어머니가 밤새 나를 찾지 않으신 것도 초저녁부터 일찍 주무신 까닭이었다. 집안일 농사일에 지치다 보면 물 젖은 솜뭉치가 되어 그렇게 곯아떨어진 것을 모른 채 찾지 않는다고만 원망했었다. 물정 모르는 철부지가 속을 썩여 드려도 제가 자식을 낳아 봐야 알겠지 하면서 잠자코 말이 없으시던 어머니를 생각하면 지금도 마음이 아프다. 한밤중 뒷간에서 내가 혼자 속을 끓이던 그때는 굵고 튼튼한 어머니의 드림줄도 축 처져 있었을 텐데. 날이 새면 우리가 또 다시 잡고 매달려도 끊어지지 않도록 밤이면 녹초가 되어 주무시며 힘을 충전하셨던 걸 이제야 알았던 것이다.

그로부터 오랜 세월이 흘렀다. 이제는 내가 드림줄이 되어야 할 때였는데 뚜렷이 기억나는 게 없다. 어머니의 드림줄은 우리가 넘어지지 않도록 굵고 튼튼했건만 나는 그런 역할을 하지 못했다. 그렇게 아무 때고 잡을 수 있는 환경에서 살아가면서도 그 따뜻함과 내가 잡고 있는 것에 내가 누리고 있는 것에 감사할 줄 모르는 것은 아닌가 싶을 때가 많다. 그래도 자식들에게는 슬기로움으로 단단하게 매달릴 수 있고 잘 잡을 수 있는 드림줄로 살게 해주었다고 하지만 내 자식들은 또 어떻게 그 줄에 의하여 내가 잘 살았다고 여길 것인가에 또 한 번 나를 돌아본다.

그런 내게 드림줄의 의미를 돌아보게 한 사람은 또 있었다. 남편이 퇴직을 하고 시골에 내려와 살면서 알게 된 사람인데 바로 옆집에 살고 계셨다. 그때 당시 일흔이 훨씬 넘으셨는데 성품이 너그럽고 무엇보다 인품이 후덕하셨다. 여름이 되면 텃밭에서 가꾼 호박과 가지 등 찬거리를 주셨다. 이사 온 지

1년도 채 되지 않을 때였다. 나로서는 농사를 짓지 않아도 장에 가면 아주 흔한 것인데 밭에서 금방 딴 거라서 맛있을 거라며 주시던 모습이 참 따스했었지. 전부터 알고 지낸 것도 아니면서 유달리 친근한 모습이었다. 아마도 수많은 사람들을 위해 드림줄 역할을 톡톡히 하셨던 분 아니었을까.

  어머니께 받은 드림줄의 은혜를 되갚기도 전에 받은 이웃 어른의 후덕한 성품은 많은 생각을 하게 해주었다. 나중에 알고 보니 누구에게나 그런 분이셨다. 자식들은 물론 이웃 사람 모두에게 한결같이 따스한 분이었다. 나로서는 그야말로 본받고 싶은 후덕하고 정스러운 분임을 늘 잊지 않으리라 새삼 다짐해 본다. 누구든지 그분의 드림줄에 기대서 잡고 있을 때는 언제나 마음이 든든할 것을 인식하며 나 역시 뒤늦게나마 누군가의 드림줄이 될 것을 다짐해 본다. 모처럼 다녀온 전주 한옥집의 그 애틋하게 느껴지던 드림줄을 생각하면서. 드림줄에 대한 나의 애틋함은 길게 늘어 뜨려 많은 사람이 행복하게 매달려 잡을 수 있는 날이기를 빌어 보면서 그날의 향수를 달래본다.

매화나무 그늘 아래

동산에 매화꽃이 흐드러졌다.

소나무가 많지만 그중 가장 우뚝 솟은 큰 소나무 중간에 지금 매화꽃이 한창이다. 봄이라 해도 아직은 쌀쌀한데 그 속에서 연연히 곱다. 밤이면 외등불빛을 받아 마치 화사한 한복을 곱게 차려입은 여인네의 모습 같다. 하얀 꽃도 좋지만 나무에서 피는 꽃으로서 꽃피고 나면 매실이라는 그것도 청매실의 열매가 달린다. 그 열매를 6월 중순쯤이면 수확을 하여 매실청으로 활용하고 있다.

매화는 이름이 다양하다. 우선 동매화가 있는데 추운 날씨에 핀다고 해서 붙은 이름이다. 눈 속에 핀다는 뜻을 가진

'설중매(雪中梅)'도 아름답거니와 색에 따라서 '백매(白梅) 또는 홍매'라고도 한다. 특별히 중국 양쯔강 이남에서는 매화를 음력 2월에 볼 수 있고 그래서 음력 2월을 '매견월(梅見月)'이라 부르는 것도 참 이색적이다.

선비들이 매화나무를 좋아한 이유는 추운 날씨에도 거침없이 피는 하얀 꽃과 은은하게 배어나는 향기, 즉 매향(梅香) 때문이다. 당연한 말로 사군자의 하나인 매화는 남달리 일찍 피면서 봄을 알린다. 우리나라에서 가장 오래된 매화나무는 정당매(政堂梅)로 강희안의 조부인 강회백이 심었다. 정당매는 강회백의 벼슬이 정당문학(政堂文學)을 지냈기 때문에 붙인 이름이다. 지리산 자락의 단속사에 살고 있는 정당매는 600년의 세월을 견딘 탓에 키도 작을 뿐 아니라 죽은 가지도 적지 않다.

그 외에도 매화를 사랑한 사람은 단원 김홍도를 비롯해 무척 많지만 나로서도 좋아할 수밖에 없는 추억이 있다. 이따금 생각나면 사군자 매화를 치기도 하는데 이른 봄 까칠한 가지에 탐스럽게 핀 꽃은 딱히 사군자라 하지 않아도 어엿한 데가 있다. 게다가 어릴 적 이름조차 아름다운 비녀 매화잠을 꽂고 있던 어머니를 생각하면 매화는 훨씬 고풍스러운 꽃이다. 그

때만 해도 친구엄마들은 파마를 하고 다녔는데 어머니는 유독 비녀를 고집하셨다.

어머니가 머리를 손질하는 날은 꽤나 분주스럽다. 우선 화장대 앞에 앉아 색경을 꺼내 놓고는 동백기름을 듬뿍 바르신다. 이어서 굵은 빗으로 애벌 빗고 이어서 참빗으로 빤빤히 빗어 넘긴 뒤 곱게 틀고는 비녀를 꽂았는데 특별히 매화가 새겨진 그 은비녀를 매화잠이라고 부른 것이다. 머리를 손질하실 때면 나는 또 턱을 괴고 쳐다보곤 했는데 값비싼 은비녀 때문보다는 단아하게 새겨진 매화꽃이 참으로 고왔던 기억이 난다. 내가 그렇게 유심히 바라보노라면 어머니는 또 매화무늬 비녀라서 그렇게 부른다는 얘기도 가끔 곁들이시며 마무리나 하듯 은비녀를 찔러 넣으셨다.

지금 내가 그때의 어머니 나이는 아니어도 꽃을 보고 있으니 참으로 오랜 세월이 흘렀다. 얼마 후 꽃이 지고 열매가 달리면 나는 또 열매를 따서 매실즙을 담그는 게 일이다. 어릴 때는 단지 흔한 꽃으로만 알고 어머니의 매화잠도 그냥 매화꽃이 새겨진 비녀로만 생각했으나 이제는 봄이 오는 길목을 화사하게 물들이는 꽃으로 더 생각하게 된다. 그렇게 매화가 흐드러지는 봄이면 어머니의 유품이 되어 버린 은비녀를 자주 꺼내 보게 되고 그럴 때마다 한껏 고즈넉한 마음이다.

어머니는 몇 해 전에 돌아가셨지만 지금 내가 보는 매화 역시 겨우내 죽었다가 봄을 맞아 핀 꽃이다. 때로는 한겨울보다 더 깊이 쌓인 눈 속에서도 피고는 했으니 어머니의 삶 역시 눈 속에서도 고운 매화처럼 어려움 속에서도 훨씬 고왔던 기억이 연연하다. 그러고 보니 어머니께 은비녀는 어떤 의미였는지 그때까지도 모르고 있었다. 말하자면 결혼 예물일 수도 있고 혹 아버지가 어느 날 어머니께 불쑥 선물하고 싶은 마음에 사온 것인지도 모르겠으나 내가 볼 때는 어머니의 남다른 물건인 것은 확실했다.

어머니 젊으셨을 적에야 다들 비녀로 쪽을 찌는 게 흔했다 쳐도 내가 어머니의 매화잠을 기억하는 걸 보면 그때는 앞서 말한 것처럼 다들 파마를 하는 추세였지 않은가. 그래도 몇 십 년은 파마를 하셨으면서도 비녀를 고이 간직하신 어머니는 혹 아버지의 기억 때문에 유달리 은비녀를 고집하시던 것은 아닌지 그런 생각이 들었다. 나 또한 지금 돌아가신 어머니를 안쓰러워하는 마음으로 이따금 매화를 보고 은비녀를 생각하면서 그 추억을 돌아보고 있지 않은가. 추운 겨울을 난 뒤 피는 매화를 보며 돌아가신 어머니를 생각하듯 어머니 또한 은비녀를 보고 거기 새겨진 매화꽃을 볼 때마다 이미 돌아가셨을지언정 곁에 있는 것처럼 애틋하게 생각할 수도 있었지 싶다.

언제보아도 화사한 꽃 매화. 그 화사함에 묻혀 나 역시 화사한 여인네의 모습으로 그 화려하게 핀 매화꽃에 묻혀 만고의 부러움 없이 시간을 보낸다. 꽃이 피고 얼마의 기간이 지나면 꽃 색깔이 붉은 빛으로 변하면서 그 흐드러지게 피었던 것이 온데간데없이 바로 열매가 맺히면서 푸른 잎이 무성하게 된다.

옛 생각의 매개체역할을 톡톡히 하는 매화나무 그늘 아래서 오늘도 어머니를 그리워한다. 매화잠 비녀를 떠올리며 '그래, 우리 어머니는 그때 참으로 예쁘셨다'고….

먼동이 틀 무렵

 요즈음은 해가 유달리 일찍 뜬다. 첫 새벽 창호지에 어리는 햇살에 눈을 뜨면 4시 정도밖에 되지 않는다. 너무 이른 시간이라 이불 속에서 미적대다가 곧이어 먼동이 트겠지 싶어 이불을 개고 밖으로 나왔다. 뜰에 막 나서는데 그새 훤하게 날이 밝았다. 태양은 떠오르지 않았어도 어렴풋 느껴지는 새벽빛.
 빛이라고 해야 딱히 어떤 빛깔이라고 할 게 아닌 미묘한 기분이었으나 느낌은 훨씬 더 산뜻하다. 달빛처럼 눈에 띄게 서리 드리운 것도 아니고 그저 눈가에 젖어드는 싱그러운 아침 기운이다. 이제 막 잠에서 깨어나는 세상의 기척을 보는 것 같다. 먼동이 튼다고 하는 것처럼 밤을 지새우고 난 아침이 하루의 시작을 알리면서 조금씩 움트고 있다.

어둠은 묽어지고 밝음이 겹겹 차오르면서 먼동이 트는 것 같은, 바로 그 시점을 헤아려본 것이다. 이제 막 태양이 머리를 쳐들고 빛을 내뿜으면서 붉게 물드는 동녘 하늘, 더 정확히 말해 태양은 그대로 있고 지구가 움직이는 거라면 내 살고 있는 마을이 땅 속 어디선가 밤새 어둠 속을 달리다 이제 막 머리를 쳐들면서 아침을 열고 있다. 캄캄한 동굴 속에서 어지간히 헤매다가 입구에 가까워지면서 조금씩 빛이 스며들고 비로소 밖을 향해 나갈 수 있는 것처럼.

하지만 아직 해도 해가 뜨려면 아직 멀었다. 겨울에는 일어나자마자 날이 새어서 밝아 올 무렵의 동쪽을 바라보면 먼동이 트는 것을 보게 된다. 추위도 무릅쓰고 그것을 보노라면 하얀 백지에 그림이라도 그려 보고 싶을 정도로 아름다웠건만 요즈음 같은 하절기에는 지금 이렇게 어렴풋이 밝은 뒤에도 5시는 되어야 해가 뜨는 것인데 그래서 지금 이렇게 먼동이 트기 전의 정경을 볼 수 있는 것 또한 내심 반갑다. 5시가 되어 정작 해가 뜨면 눈부신 햇살 때문에 바로 볼 수가 없지만 4시가 조금 넘은 지금은 이렇게 동살의 정경을 볼 수 있다. 금방 떠오를 것인데도 하필 먼동이 튼다고 하는 것처럼 아련한 풍경을 완상하게 될 테니 벌써부터 설렌다.

먼동이 트는 것 같은 정경이 왜 그렇게 좋은 것인지. 아마도 멀리 볼 수 있는 때문인 성싶고 어릴 적 바닷가에 살면서 비롯된 것 같은 생각도 들었다. 그 옛적 나는 아침에 미적대는 날이 많았는데 어쩌다 일찍 잠에서 깨어나는 그때 역시 날이 밝는 대로 바닷가에 나가 수평선을 바라보곤 하였다. 지금은 시골이라 그저 먼발치에서도 먼동이 트는 모습은 볼 수 있지만 바닷가에서는 일단 수평선이 붉게 물든다.

그 다음 시간이 지나면서 크고 작은 산자락이 연분홍빛으로 바뀌면서 바닷가 전체가 파스텔톤으로 물들어간다. 그럴 때 파도를 쓸고 가는 고깃배 한 척이라도 보이면 바닷가는 그야말로 동화 속 같은 풍경이 된다. 먼 산줄기를 따라 꿈속처럼 어리는 먼동과 이제금 깨어나기 시작하는 먼 바다가 묘하게 어우러진 풍경화는 무척이나 아름다웠다.

얼마 후 바다가 아닌 데서도 수평선을 볼 때처럼 어렴풋한 느낌을 받게 된 것은 시골에 내려와 살면서부터다. 먼동이 트기 시작하면 바다 갈매기 훨훨 날아드는 정경 대신 여기서는 인근의 산언덕이 꿈꾸는 짐승처럼 다가온다. 가령 오늘처럼 아침에 창문을 열어 놓고 현관을 밀치고 나오면 먼저 산에서 먼동이 트는 것을 확인하고 가끔은 안개가 자욱한 산언덕을 보면서도 무한정 기다릴 때도 있다.

먼동이 트는 동쪽 하늘을 볼 때면 거기 먼동에서 부모님과 가족 모두가 내게는 유일한 인사이고 문안드리는 느낌이 든다. 게다가 먼동이 튼다고 할 때의 느낌 또한 내가 태어난 동해안 중에서도 삼척 앞바다를 바라보던 어릴 적 추억 그대로다. 먼동이 트는 먼 바다도 보고 파도소리 들으며 하루를 시작하던 기억이 스쳐간다. 그러다 어느 날 안개가 자욱하게 낄 때는 먼 곳을 바라볼 수 있는 특권을 빼앗긴 것 같은 기분에 마음까지 심란해진다. 힘들어도 먼 곳을 바라볼 때는 아련히 꿈꾸는 것 같은 기분 때문에 잠시 잊게 되는 것을 알았다고나 할까.

오랜 상념에 젖다 보니 그새 태양이 떠오른다. 밤새 어둠 속을 헤매다가 이제 막 얼굴을 내비치는 태양이 아름답다. 매일 떠오르는 태양인데 그리고 매일 시작되는 아침인데도 그 순간만큼은 옷깃을 여미게 될 정도로 경건한 느낌이었지. 마당으로 내려와 두 팔 벌려 심호흡을 하노라니 영문도 모르는 복실이는 왜 그러느냐고 하는 듯 물색없이 컹컹 짖고 있다. 먼동이 트는 걸 아는 듯 딴에는 열심히 짖는 강아지 앞에서 자랑이라도 하듯 심호흡을 쭉 하는 마음이 오늘따라 새삼 행복하다. 멋진 하루를 시작하려는 자그마한 결심이 산골짜기 마을 아침 동산에 햇살처럼 퍼지는 것에서….

메뚜기의 전성기

메뚜기도 유월이 한철이다.

유월에 푸른 잎이 아직은 진한 녹색으로서 벼가 막 피는 듯하다. 메뚜기과의 곤충은 오늘도 이리저리 제때를 만난 듯 날뛰고 있다. 가끔은 지나치게 날뛰는 사람을 풍자하는 말로서 비유하지만 어느 때 메뚜기를 유심히 보고 있노라면 나를 보고 있는 것도 같다.

그때는 국민(초등)학교 4학년 때였던가. 아무튼 그날도 학교를 파하고 친구들과 어울려 집으로 가는 길이었다. 메뚜기철이라는 6월이었으니 지금처럼 무척이나 더웠던 기억이 난다. 검정 고무신을 신고 다니던 시절이었다. 아주 더울 때는 양

말을 신는 것도 거추장스럽지만 고무신이라 허물이 벗겨지기 일쑤고 끝내는 고무신도 벗어던지고 맨발로 다니게 되는 것이다.

그나마도 걷기는 편했던 게 책가방을 들고 다닌 것은 아니었다. 대부분 보자기에 그것도 광목으로 된 보자기에 책을 싸서 허리와 어깨에 매달고 다녔다. 그렇게 얼마를 가다 보면 논이 나왔다. 꼬맹이들이 들고 뛰어다니다 보면 풀섶을 지나게 되고 그럴 때마다 후두두 후두두 날아다니던 수많은 메뚜기들. 우리는 서로들 다투어 그것을 잡았다. 잡은 뒤에는 누구라 할 것 없이 고무신에 담았다. 메뚜기를 잡으려고 생각한 것도 아니고 그냥 집에 가는 길이었으므로 그럴 수밖에 없다.

얼마를 잡다 보면 신발도 꽉 차고 나중에는 기다란 억새풀 같은 것에 하나 둘 끼워 넣었다. 그러고도 메뚜기는 얼마나 많은지 풀이 버스럭대기만 해도 푸르르 수없이 날아갔다. 또 다른 억새풀을 꺾어야 했다. 한 개 두 개 아무리 채워도 끝이 없다. 멀리 느티나무가 보이고 우리 사는 동네가 가까워질 때까지 계속되었다. 더 잡고 싶었다. 담을 그릇은 마땅치 않아도 억새풀은 얼마든지 있었다. 그렇게 얼마를 더 잡다 보면 더 이상은 잡을 수 없이 녹초가 되고 마는 것이다.

고무신에 가득 담고 억새풀 같은 줄에 끼워온 메뚜기를 집에 갖고 와서 프라이팬에 볶던지 짚을 피워 그 위에 구워 먹으면 그 어떤 간식이 부럽지 않았던 시절이다. 그나마 프라이팬에 구운 메뚜기는 학교 갈 때의 도시락 반찬이 되기도 했다. 구수하였던 내음은 온 교실을 풍기면서 너도 나도 한 젓가락 하다보면 내게 남은 것은 밥 위에 한 숟갈 올려놓은 고추장뿐이었다.

  하지만 그것으로 하여금 얼굴 붉힐 줄도 몰랐던 시절이고 보면 얼마나 순박하였던 때였나를 되짚어 본다. 지금 이렇게 어린 시절을 회상하다보면 모두가 그렇게 순박함뿐이었던 것을, 그래도 인간미가 철철 넘치는 시절이 아니었나 싶다.

  코흘리개 어린이였어도 여남은 명이 잡은 것을 보면 꽤나 많은 양이다. 그런데도 여전히 폴짝이던 메뚜기들. 더 잡고 싶어도 탈진이 되어 그냥 돌아올 수밖에 없었으니 그래서 메뚜기도 한철이라는 것인지 모르겠다. 그렇게 하루 이틀 사흘 메뚜기 사냥은 끝이 없었다. 학교 가서 공부하는 것보다 더 재미있었다. 볕이 쨍쨍하고 무더운 것도 잊던 메뚜기 수렵은 거의 7월 초까지 계속 되었으나 입추가 지나고 처서가 가까우면 등등했던 기세도 한풀 꺾이곤 했으니 역시 메뚜기도 한철이다.

제때를 만난 듯이 날뛰는 사람을 풍자하는 말이지만 오늘 이렇게 메뚜기도 한철인 유월에서의 논둑에 앉은 마음은 비록 전성기가 짧지만 내 순박하였던 마음을 되새기고 행복한 마음을 갖게 해주는 계기가 되었다. 길가의 풀이 무성해지고 먼 산의 녹음이 갈맷빛으로 우거지면서 그 자그마한 몸뚱이도 진초록으로 바뀌더니 초가을에는 예의 또 갈색으로 위장하던 녀석들의 한살이.

우리 삶도 그렇게 메뚜기 한철이다. 성공적인 삶 여부를 떠나 누구든 한때 전성기는 있었고 그 또한 시간이 흐르면 내리막길로 접어들게 된다. 당연히 그럴 때마다 전성기를 돌아보면서 아쉬워하고 당연한 순서로 의기소침하지만 돌아보면 전성기가 다는 아니다. 전성기는 엄밀히 말하자면 와짝 일어나는 시기고 영글고 익는 과정은 그 다음이었다. 메뚜기도 한철이었던 6월도 보면 다만 초록으로 무성해질 뿐 영글고 익는 시기는 아니었다. 바로 그 전성기가 주춤하는 것 역시 초록이 주춤한 뒤에 누렇게 혹은 갈색으로 영글기 시작하는 것이었다.

전성기가 그대로 계속되면 그야말로 초록으로만 이어지는

들판처럼 무의미하다. 그야 초록이 우거지면 나무만 있는 숲 속일 때는 밀림처럼 무성해져서 좋을 수도 있으나 들판의 곡식은 기세를 줄이면서 익힘을 준비할 때다.

전성기가 끝나 쇠퇴기가 돌아온다 해도 그때부터 익힐 준비를 해야 된다면 주춤할 게 없다. 일단 전성기가 끝난다 해도 제2의 전성기가 도래하는 것이다. 메뚜기도 한철이라고 하는 말대로 기세 등등 날뛰기보다는 단 한 번의 기회일 수도 있다는 점을 감안해서 열심히 노력하는 자세가 훨씬 바람직하다는 것을 다시금 숙지해 본다.

모내는 날의 풍경

　길을 가다 보니 멀리 이앙기 한 대가 모를 심고 있다. 가뭄 끝에 연사흘 내린 비는 그야말로 단비다. 얼마 후 논마다 물이 찰랑인다. 너나없이 단비를 기다린 듯 한동안 써레질 소리가 요란하더니 금방 가래질이 끝나고 이어 모내기가 시작되었다. 어느 날 보니 논틀마다 이앙기가 들어가 모를 내기 시작한 것이다.
　나 어릴 적에 보던 풍경과는 너무나 대조적이다. 열 명 스무 명 많게는 서른 명까지 논에 들어가 모를 꽂는다. 그 외에 모를 심기 좋게 모판을 나르는 사람이 있고 논둑 옆에서는 못줄을 잡아주는 사람도 있다. 못줄은 대부분 힘없는 노인들이 잡게 되고 나는 또 모내는 논 가장자리에서 소주병에 올챙이를 잡아넣기에 바빴다. 그보다는 훨씬 전부터 올챙이 알을 잡아오곤 했었다. 볕이 따스한 봄 어느 날 산모롱이를 돌아갈 때마다 졸졸 흘러가던 작은 시냇가.

그런 곳에는 약속이나 한 듯 개구리 알이 모여 있었다. 투명한 막에 까무스름 박혀 있던 점이야말로 올챙이 알이었다. 아물아물 떠오르는 아지랑이 속에 새까만 씨앗을 뿌려놓은 것도 같더니 얼마 후 모낼 때가 되면 금방 올챙이가 되어 헤엄을 치는 것이 올챙이의 한 살이라고 생각했다. 볕을 받아 따스한 냇가에 가면 으레 올챙이 알을 보게 되고 다시 언젠가는 모내는 논물에서 올챙이로 헤엄치다가 개구리가 되는 '그저 그런 과정이 있구나'라고만 여겼는데 언젠가 손자손녀들이 부르는 노래를 들으니 불현듯 생각이 많아졌다.

'개울가에 올챙이 한 마리/ 꼬물꼬물 헤엄치다/ 뒷다리가 쑥~ 앞다리가 쑥~/ 팔딱팔딱 개구리됐네/ 꼬물꼬물 꼬물꼬물 꼬물꼬물 헤엄치다/ 뒷다리가 쑥~ 앞다리가 쑥~/ 팔딱팔딱 개구리됐네'라면서 익살스럽게 부르던 노래. 올챙이를 잡고 다닐 때는 그저 재미였을 뿐 뒷다리부터 나왔는지 어쩐지 생각도 못하였으나 생각하니 뛸 때마다 일단 뒷걸음질 치는 개구리의 습성도 그 때문이었던 것 같다. 쭈그리고 앉아 있다가 뛰어 오르는 모습은 참 많이도 보아 왔는데 애들 노래를 듣고 나서야 뒷다리가 먼저 나오는 배경을 알았다.

 요즈음 아이들이 무에 그리도 바쁜지 그렇게 놀 시간적 여유도 없어 안쓰럽지만 어릴 때부터 수없이 보고 자란 내가 알지 못하는 것을 노래 가사를 통해 정확히 알고 있는 것이다. 나처럼 어릴 때부터 올챙이나 개구리를 보고 자라지는 못했다 해도 어떤 부분에서는 더 확실히 알고 있을 테니 그나마 위로가 된다. 수없이 보고 자랐어도 제대로 알지 못한 게 있는 대신 직접 볼 기회는 드물어도 훨씬 뚜렷하게 기억나는 게 있다면 한편 다행스러운 일이 될 테니까.

 모내기 하면 떠오르는 또 다른 풍경은 거머리다. 그 옛날 모를 심는 사람들이 고역으로 생각한 게 곧 그 녀석이었으니까. 모를 심는 일꾼이든 모판을 나르는 사람이든 물리기 일쑤다. 딱히 처방이 있는 것도 아니라서 속수무책으로 당하는 게 일인데 거머리 하면 또 미나리가 생각난다. 다듬다 보면 으레 거머리가 나왔고 그럴 때마다 으레 등장하던 놋수저.

 혹 놋수저가 없을 때는 10원짜리 동전을 넣기도 했는데 지금은 그런 게 흔치 않다 보니 식초를 넣기도 하고 그래도 미심쩍은지 다들 데쳐 먹는다. 미나리는 다년초로 가을에 순을 잘라 뿌려두어도 발근, 발아가 용이하며 물기가 있는 곳이나 냇가에서 자란다. 털이 없고 높이는 30㎝내외로 원줄기의 가지 마디에서 뿌리를 내려 번식하는데 7~8월에 흰 꽃이 피고 타원형의 열매가 맺는다. 습지를 좋아하기 때문에 미나리꽝에 심기도 하는데 미나리꽝은 곧 미나리를 심는 논을 뜻했다.

  미나리는 이른 봄부터 공급되며 특유의 향취를 갖고 있어 나물, 물김치 및 기타 음식에 곁들이는 등, 연중 이용하는 채소이다. 다른 채소에서 맛볼 수 없는 독특한 향미가 있어 이른 봄철 먹으면 입맛을 돋우고 무엇보다 춘곤증을 물리치는 푸성귀로 최고다. 어쩌면 그래서 거머리란 녀석도 하필 미나리에 덤벼드는 것은 아닌지. 거머리 같은, 사람도 보면 꼭 알토란처럼 속이 꽉 찬 사람을 택해서 괴롭히는 것처럼.

  지금은 또 살충제와 제초제 등 농약 때문인지 거머리도 씨가 말라간다. 어쩜 아득히 오래전 해진 스타킹을 모아서 농촌에 보내던 그때부터였을까. 스타킹을 신으면 제 아무리 거머리도 뚫고 들어가질 못했다. 사람들 역시 옛날보다 똑똑하고 영악해지다 보니 거머리 같은 사람도 드문 것 같다. 악하고 나쁜 사람도 그런 사람을 보면서 저렇게 되지 말아야지 하면서 스스로 수양을 하게 되는 거라면 거머리의 효용가치도 아주 없다고는 못할 것이다.

아무려나 모 심는 정경을 보는 기분이 묘하다. 모를 심는 방식도 천양지차 다르지만 이제는 논물에 서식하던 거머리와 올챙이도 보기 힘들어졌으니 오늘따라 감회가 새롭다. 그나마 오늘 심은 모가 땅내를 맡고 점점 자라 미래의 쌀이 논두렁에 가득찰 것을 생각하니 하얀 쌀밥의 포만감으로 가득한 기분이다.

지금과는 달리 그 옛날 힘들게 모를 심던 사람들도 그런 생각에 힘든 줄 몰랐을 것이다. 남의 논이든 내 집 논이든 모를 심는 순간부터 일 년 식량이 될 것을 헤아리면 모를 꽂는 손에 정성이 들어갔을 테고 그러다 보니 모두가 한 마음으로 열심히 심었다는 게 절실한 느낌이다.

묵정밭 냉이

바구니에 든 냉이를 보니 채소를 다듬어 놓은 것처럼 실하다. 손가락 같이 굵은 뿌리와 너울너울한 잎이 봄나물 치고는 무척이나 소담스럽다.

며칠 전부터 밭고랑과 둑에 참으로 냉이가 많구나 하면서도 엄두를 내지 못했다. 그러다가 오늘 비로소 호미를 들고 나온 것인데 어마어마하게 자란 것을 보니 하품이 절로 난다. 많이 캘 수 있겠다는 생각은 뒷전이고 저리 바글바글한 것을 어찌 다 캐랴 싶은 생각이 문득 들었던 것이다.

하지만 시작은 반이다. 일단 삽으로 둘레를 파헤쳤다. 그 다음 호미로 흙을 파헤치니 돌막이 삐져나오고 틈 사이로 하얀 냉이 뿌리가 보였다. 끊어지지 않게 조심조심 잡아당겼다. 다친 데 없이 무사히 캘 때는 나도 모르게 신이 났다. 뿌리는 물론 잎까지 탐스럽다. 엊그제 꽃샘추위가 지나갔건만 다친 데 하나 없이 푸르다. 뿌리는 뿌리대로 굵어서 좋고 잎은 잎대로 푸르다. 아직은 바람 끝이 쌀쌀한 이른 봄인데 바구니 가득 찬 냉이는 차가운 날씨 속에서도 어기차게 잘 자랐다.

지나가던 이웃 어르신이 보고는 다듬어 주마고 들어오셨다. 뿌리가 굵고 실해서 캐기가 힘들었다고 하니 묵정밭이라 그렇다는 말씀을 하셨다. 그러고 보니 밭이라고 할 것도 없이 몇 해를 묵힌 자리다. 일부러 묵힌 것은 아니고 미처 거기까지 손을 볼 새가 없었다. 언제부턴가 한 해 두 해 지나면서 잡풀이 무성해지고 신경을 쓰지 않은 채 내방쳐 두다 보니 흔한 말로 묵정밭이 되고 만 것이지만 일단은 그런 밭에서도 냉이가 그렇게 자랄 수 있다는 게 놀랍다.

얼마나 많은지 어르신과 함께 거의 한나절은 다듬었다. 다듬으면서 조목조목 듣는 얘기도 구수했다. 묵정밭에서 자라는 냉이는 뿌리가 굵어 삶아서 먹으면 고소하고 콩가루를 버무려 된장국을 끓여도 맛나다고 덧붙이셨다. 말씀을 들으니 묵었다는 것은 더욱 탐스럽고 실하게 자라기 위한 과정이라는 생각이 들었다.

 오래된 밭은 트랙터라는 기계를 써야 만이 보슬보슬하게 다듬을 수 있고 이웃의 도움을 받아야 해낼 수 있다. 도움 없이는 거칠고 넓어서 어떻게 손쓸 수가 없음이다. 다행히 정스러운 이웃이 있기에 해마다 갈고 가꿀 수가 있어 늘 감사하는 마음이다.

 오래 묵어 있던 밭에 어쩌다 거기 냉이가 잔뜩 서식하게 되었는지는 모르나 씨앗이 날아왔든 뭐든 일단은 잘 자란 게 특이했다. 유난히 굵은 뿌리와 탐스러운 잎은 즉 오래 묵었기 때문이었을까. 거름은커녕 평소 잘 돌보지도 못한 땅인데 생각하면 당혹스럽다. 그저 오랜 날 묵히다 보니 묵은 거름기 때문에 더 잘 자란 것인지 모르나 묵정밭이라면 거름도 없이 척박한 땅을 생각하는 만큼 뜻밖이다. 그로써 푸성귀가 귀한 봄 한철 튼실하게 자란 냉이로 푸짐한 밥상을 차릴 수 있겠다 생각하니 오랜만에 흐벅지다.

 마당에 있는 수돗가에서 벅벅 문질러 닦는 마음도 포만감에 벌써 구수하게 먹는 기분이다. 냉이라는 것은 두해살이풀로서 들, 밭에 흔히 나는 식용인데 특히 시골 밭에서의 냉이 채취는 캘 때마다에서 정감이 넘친다. 봄에 흰 꽃이 필 때면 어떨 땐 메밀 꽃밭에 온 듯한 느낌이 들 때가 있다. 하얗게 네 잎 꽃이 필 때의 감정은 느껴본 사람은 그 흰색 꽃에서 풍만함을 느낄 수 있다. 해마다 봄이면 여태 캔 냉이 중에서 가장 굵고 탐스럽게 생긴 냉이를 이렇게 많이 캘 수 있었던 우리 집 텃밭의 묵정밭 냉이임에 더욱 애착이 간다.

　삶아서 된장과 고추장을 반반 넣어 마늘과 깨소금으로 무쳐 놓고 된장국을 끓여 콩가루를 무친 냉이를 넣어 한소끔 끓여 오늘 저녁은 냉이로서 저녁상을 볼 참이다. 다른 반찬은 필요 없다. 그나저나 이렇게 많이 캐온 냉이로만 한 상 그득한 마음으로 저녁 만찬으로서 평화롭게 먹으리라.

3.
어머니 날 낳으시고

뭘 해도 잘된다는 집안

　오늘도 예의 청소를 시작한다. 우선 아침내 뒤적이던 신문과 잡지를 장식장 서랍에 넣었다. 구석구석 먼지를 깨끗이 닦은 뒤 야생화를 꽂아둔 꽃병도 물을 갈아 주었다. 청소를 끝낸 뒤에는 그렇게 언제나처럼 흐뭇하다. 늘 하는 일이지만 오늘따라 집안을 깨끗이 치운 뒤 더 정갈한 것은 역할의 중요성을 다시금 생각한 그 때문이었을까.
　말할 것도 없이 청소하기 전에 조선일보를 읽었던 것이다. 몇 편을 넘겼을까 칼럼에서 '뭘 해도 잘 되는 나라'가 되려면 조직개편과 인력 조정보다 의사결정시스템을 개선하고 결정된 것은 실행력을 높여야 국가가 성공할 수 있다는 내용이었다.

물론 결정시스템을 개선하고 결정된 사항에 대한 실행을 충실히 하다보면 잘되는 나라가 된다는 얘기다. 개선방안을 행하면서 끊임없이 노력과 실행에 한 치의 망설임이 없어야겠지. 잘되는 나라가 되어야 잘되는 가정 또 거기서 잘되는 가족이 이루어질 것에 희망을 걸어본다. 감히 나라를 운운할 수 있는 칼럼에서 유추하여 보면서 말이다. 크게 말하면 나라로 표현할 수 있고 또, 한 가정의 잘되는 가정으로서의 면모를 따질 때 그 가정의 가장이 면밀 주도하에 근면과 성실함이 주된 원인이 되어야 되지 싶다.

하지만 이 모든 것은 역할 분담이 제대로 이루어졌을 때의 경우다. 이를테면 개인마다 자기 역할에 충실하면 나머지는 절로 해결된다는 의미다. 남이야 어찌되었든 나만 잘하면 이렇다 할 문제는 발생하지 않는다. 문제는 다름 아닌 내게 있다는 것을 알고 저마다 자기 일에 최선을 다하면 칼럼의 요지처럼 뭘 해도 잘 되는 나라가 될 것 같다. 누구를 막론하고 자기 일이 가장 소중하다는 것을 알아야 한다. 일이란 크기와 경중에 상관없이 저마다 중요하기 때문이다.

어릴 때 그런 동화를 읽었다. 손과 입이 어느 날 밥주머니 위(胃)를 보고는 먹기만 한다고 투덜거렸다. 손은 열심히 먹을 것을 집어올리고 그 다음 입이 꼭꼭 잘 씹어서 넘기는 족족 먹기만 하니 그럴 수밖에 없다. 마침내 그들은 파업을 시작했다. 맛난 게 있어도 먹기만 하는 위가 얄밉다고 그야말로 손을 놓았다. 며칠이 되자 손은 마비되고 입은 바작바작 마르기 시작했다. '아무 일도 하지 않고 편한데 왜 그러지?'라고 의아해 하던 둘에게 어느 날 위가 그렇게 말했다. 너희가 먹을 것을 줘야 내가 그것을 먹고 소화를 시키고 나눠줄 수가 있는 거야. 나만 먹는 것 같아도 그렇게 역할 분담이 되지 않으면 모두가 죽고 마는 거야.

역할은 그런 것이다. 남의 밥에 든 콩이 굵어 보이는 것처럼 이따금 남들 하는 일이 먹기만 하면서 편해 보일 때가 있어도 언젠가는 그 혜택이 내게도 돌아오기 때문에 불평할 게 아니다. 더러는 먹기만 하고 소화 흡수된 양분을 나눠주지 않는 경우가 있어도 위 속에 잔뜩 저장된 양분은 부패할 수밖에 없기에 나중에는 자연히 나눠 주게 되므로 기다릴 수 있는 여유도 필요하다. 그럼에도 불구하고 가끔은 계속 욕심을 부리는 사람도 있으나 끝내는 자멸하고 말 테니 그것을 보고 깨닫게 되는 세상 이치도 적지 않은 의미를 내포한다.

앞서 뭘 해도 잘 되는 나라라고 했지만 그 바탕은 뭘 해도 잘 되는 집안에서 시작이 되어야 자연스럽다. 집안을 작은 나라로 보면 금방 알 수 있는 게 자기 집안 하나 잘 다스리지 못하고서는 무슨 일인들 하기 어렵다. 결국 내가 하는 집안일도 아주 하찮게 보이지만 그렇다고 내가 손을 놓으면 그야말로 뒤죽박죽일 테니까.

나 한 사람의 역할은 그렇게 소중하다. 나 한 사람의 역할이 집안을 일으키고 더 나아가 세상을 바꾸기도 한다면 남들 하는 일이 혹 쉽고 편하게 보일지라도 신경 쓸 게 없다. 누군가 알아주지 않아도 맡은 바 최선을 다하는 것이다. 세상 크고 거창한 일이 아니어도 상관없이 묵묵히 자기 일을 하다 보면 그로써 큰일을 이루는 결과로 이어지기도 한다. 일은 크거나 작거나 간에 함부로 해서는 안 된다. 작은 일을 함부로 하게 되면 큰일도 함부로 하게 된다. 큰일을 함부로 하지 않는 것은 작은 일을 함부로 하지 않는 것에서 시작된다. 더불어 그것은 무슨 대단한 결심을 필요로 하지는 않는 게, 나 하나쯤이야 하는 무책임한 자세보다는 나 하나만이라도 하는 의지로도 충분하다. 세상은 작은 일이 오히려 커다란 결과로 이어지는 일이 흔했다. 역할의 중요성이 새삼 드러나는 것이다.

오늘 이렇게 뭘 해도 잘 되는 나라가 되려면, 칼럼을 보면서 새삼 가정도 가정다운 가정을 만들어 가면서 그 후 살기 좋은 가족의 형성도 만들어지는 것이 아닌가 싶다. 젊은 인재들도 앞으로의, 위로는 나라다운 나라를 잘 되는 것에 비례하여 가정다운 가정에서 또 더 나아가 가족다운 가족을 형성하면 정말로 큰 나라다운 나라가 될 것이라 믿는다. 오늘 이렇게 몇 자 적어보는 마음 조금은 부끄럽지만 꼭 다함께 실행하기를 바라마지 않는다.

반딧불이

　반딧불이다. 곤충의 하나인 반딧불이가 반짝반짝 허공을 날고 있다. 어릴 때도 개울가에나 풀숲에서 종종 보며 자라왔다. 한밤중 등목을 하러 갈 때면 샘가 혹은 개울가에서 흔히 볼 수 있었다. 특별히 어릴 적 호박 꽃 속에 반딧불이를 잡아 넣어 호롱불 삼아 갖고 놀았던 생각이 들면서 마음이 불현듯 따스해진다. 여름이면 반딧불이에, 그리고 겨울이면 창가에 쌓인 눈에 비춰 공부를 했다는 형설지공의 애틋한 비화 때문이다.
　형설지공은 옛날 진나라 사람 차윤과 손강의 얘기로 둘 다 등잔에 넣을 기름조차 살 수 없이 가난했다. 차윤은 여름이면 반딧불을 주머니에 넣어 머리맡에 걸어두고 그 불빛 아래서 공부를 했다. 손강은 또 눈에 비친 달빛에 의지해서 공부를 했다는데 그렇게 출세한 결과 지금도 어려움을 딛고 노력해서 성공한 미담을 일컬을 때 쓰는 말의 배경이 되었다.

세상 모든 일처럼 공부도 어려움 속에서 이룬 게 더 의미가 깊다. 쉽게 이룬 것일수록 쉽게 없어진다면 곡절 없이 쌓은 실력도 과히 미더운 건 아니다. 그렇게 공부하라는 건 아니고 단지 어려운 가운데 쌓은 실력이 좀 더 미쁘게 느껴진다는 뜻이다. 등불을 켜지 못할 정도로 가난해서 여름으로 반딧불을 잡으러 다니고 달빛에 잘 반사되도록 가능하면 더 많은 눈을 퍼서 창가에 쌓아 두는 이야기가 드물게 아름다운 기억으로 다가온 것이다.

지금 같이 물자가 흔한 세상에서 공부하는 아이들은 생각해 내지 못했을 비방이었다. 어쩌면 너무 가난해서 반딧불을 잡아 주머니에 넣을 때마다 느꼈을 여름밤의 풍경이 더욱 아름다운 정서로 다가온 건 아닌지. 그때도 지금처럼 은하수가 있었을 테니 차윤은 여름밤 하늘의 별이 가장 아름답게 빛난다는 걸 새삼 보았을 거다.

손강 역시 눈이 내릴 때마다 달빛이 더욱 환해진다는 걸 느끼지 않았을까. 손은 시리고 창가에서 공부하자니 무척 추웠을 것이나 따뜻한 아랫목에서 공부할 때 자칫 졸음에 빠지는 것을 보면 그런 상황에서 더 능률이 오르는 게 공부의 실체라는 걸 생각하지 않을 수 없다. 어릴 적 사락사락 눈이 내릴 때 보면 불현듯 주변이 환해지곤 했었지. 며칠 동안 쌓인 눈이 어느 때는 가로등 불빛이 무색할 정도로 밝다. 어릴 적 화장실에 갈 때마다 쌓인 눈이 반사되어 야릇하게 빛나던 풍경이 떠오른다.

 가로등 하나 없던 그 시절 밤 마실 다닐 때도 전혀 불편하지 않은 것은 쌓인 눈 때문이었다. 한 번 내리면 겨우내 녹을 줄 몰랐고 그 위에 덧쌓이기라도 하면 눈 닿는 곳까지 펼쳐진 백설의 세상은 그린 듯 아름답고 밝았다. 형설지공 얘기가 떠오른 것도 밤 깊을수록 밝아지던 특유의 정서 때문일까.

 정서적으로는 아름다운 얘기일지 몰라도 빛은 극히 희미했을 것이다. 더욱이 눈길을 거닐고 할 때야 더 밝게 반사되겠지만 자잘한 글씨를 볼 때는 미미한 밝음이었을 것이다. 한두 해도 아닌 여러 해 동안 가난은 여전했고 해마다 그런 여건에서 공부할 동안 자칫 그 마음이 위축되었을 것이나 반딧불을 잡고 창가에 눈을 쌓아둘 때마다 은연 중 깃든 자연 풍광 때문에 한결 윤택한 삶이 되었을 것이다.

　게다가 성공한 삶일지언정 뜻한 바 같지 않을 때가 생겨도 고향으로 돌아가 전원생활을 꿈꾸는 일이 가능했을 줄 안다. 요즈음 아이들처럼 공부만 파고들다 보면 그 결과 소기의 목적을 달성한다 해도 실패할 경우에는 어떤 차선책을 강구할 여지도 없이 절망의 나락에 빠져들 확률이 높다. 그리 되기를 바라는 건 아니나 사람 일은 모르는 일이고 만약을 생각하다 보니 쉽게 얻은 성공은 쉽게 무너지는 탑과 같다고 감히 토로하게 된다.

　공부를 자칫 성공의 도구로만 여기는 정서에서는 생각하기 힘든 일이다. 요즈음 학생들이 배우는 방대한 과제를 생각하면 까마득히 오래전 그때는 극히 단편적이었으나 공부하면서 은연 중 깃드는 자연에의 친근감도 적지 않은 의미로 부각되었을 줄 안다. 맑은 물에 살던 반딧불이의 애벌레가 어느 날 마침내 자그마한 불빛으로 허공을 반짝거리며 떠다니면서 무더운 여름밤에 날아다닌다. 지금은 호박꽃에 넣어 호롱불로 비추어 볼 일도 없이 가로등 불빛에 의지하고 있으나 그 시절의 호박꽃 반딧불이가 더 절실한 기억으로 떠오른다.

　밤이 깊었다. 종일 무덥고 후텁지근하더니 바람이 시원하다. 창밖을 보니 떼 지어 날아다니던 반딧불이는 간 곳 없이 적막이 감돈다.

아득히 밤만 되면 칠흑같이 어두웠던 시절에는 그나마 한 몫을 했던 것이 밤에도 불야성을 이루는 문명사회가 되고 보니 설 곳조차 없이 되어 조금씩 사라진 것 같은 반딧불이. 가난하게 살던 누군가는 거기 의존해서 공부를 했다는 얘기가 묘하게 수수롭다. 힘들게 공부할 동안 추가될 정서적 빈곤이 오히려 윤택해지는 것도 신비에 가까운 섭리다.

밤나무 그네의 추억

개울 끝자락에 밤나무 한 그루가 있다. 오래전 뒷마을에 사는 분이 할머니께서 심어 놓으셨다고 하신다. 가을이면 밤이 제법 많이 달린다. 시골에서는 어디에나 심어 놓으면 누가 따 먹든 상관하지 않았다.

여름에는 또 그늘에서 쉬기도 하는 온 동네 사람들의 휴식처로 삼았던 것도 아니었기에 집 가까이 있어서 여러모로 불편했다. 밤이 떨어질 때는 맛있게 먹는데 퀴퀴한 밤꽃이며 따가운 밤송이가 가끔 거슬리곤 했다.

그래 어느 때 작정하고 밤나무 전체를 잘라내 버렸다. 진즉에 잘라낼 것 싶어 한동안 상쾌한 기분으로 지냈는데 가을이 되니 그나마 밤도 구경할 수가 없다. 빈 나무 터에 그늘도 없이 있으려니 허허벌판처럼 하여 공연히 베어낸 것 같다.

어릴 적 이웃 마을에 내로라하는 부잣집이 있었다. 지금처럼 도우미를 몇 명 두고 생활할 정도로 소문난 부잣집이다. 인심이 후해서 마을에 어려운 사람이 있으면 양식을 퍼 주고 개용 돈까지 챙겨 주기도 했다. 집안사람 모두가 마음이 넉넉하고 인자해서 지금도 좋은 기억만 남아 있는데 그중에서도 뒤뜰에 있던 밤나무 한 그루가 눈에 선하다.

가을이면 아름드리나무에서 수많은 알밤이 떨어진다. 담 너머 이웃집 장독에 떨어지거나 텃밭에 떨어지곤 한다. 그거야 기왕 남의 집에 떨어졌으니 어떻게 할 수 없다 쳐도 나무 밑 등걸이나 길가에 떨어지는 것 또한 지나가는 사람이 갖다 먹었다.

원체 많아서 관리하기도 힘들었겠지만 일하시는 분들을 시키면 얼마든지 거둘 수 있었다. 그런데도 남겨둔 것은 가난한 사람들이 풍족하게 먹으라는 뜻이었을 것이다. 우리도 처음에는 망설였지만 나중에는 알밤을 치마폭에 잔뜩 담아 고샅길 모퉁이에서 까먹곤 했다. 속껍질 보늬를 저미면서 햇밤을 먹는 오롯한 기분이 지금도 잊히지 않는다. 부잣집 어른들의 푼

푼한 인심이 어린 마음에도 무척이나 고마웠다.

밤나무에는 그네를 매놓았다. 그리고는 정월대보름과 오월 단오에 동네 사람들이 모여서 하루 즐긴다. 그렇게 동네잔치가 끝나면 떡과 전을 푸짐하게 내와서 해질녘까지 즐기던 밤나무 동산의 추억이었다.

거기는 우리 또래 아이들의 유일한 놀이터였기 때문이다. 부잣집 인심은 대부분 박하다는데 우리가 놀면서 그렇게 어질러 놓아도 꾸중 한 번 없었다. 지금처럼 놀이터도 없는 그때를 생각하면 평평하고 널찍했던 밤나무 동산이야말로 동심의 세계를 마음껏 펼칠 수 있게 해준 고마운 장소다.

놀다 보면 다칠 때도 많았다. 대나무 울창한 곳을 뚫고 들어가다 보면 날카로운 잎에 찔리기 일쑤다. 우리는 그래도 상관하지 않고 놀았다. 그러던 어느 날은 주인집 할머니가 옥도정기를 가져와 발라주셨다.

머리가 하얗게 센 그 할머니는 이따금 나와서 우리가 노는 것을 물끄러미 바라보곤 하셨다. 부잣집 마님 그대로 인자하고 후덕해 보이던 그 할머니. 하지만 우리가 노는 데 방해가 될까 싶은지 약만 발라주고는 곧장 안으로 들어가시곤 했다.

밤이 달린다고 해야 거의 다 동네 사람들 차지다. 물론 그렇게 먹게끔 배려한 것이지만 가을이면 밤나무 밑은 온통 밤껍질 치레다. 봄여름에는 또 동네 아이들 모두가 나와 놀면서 지저분해지기 일쑤건만 그래도 베어내지 않았다. 그 외에 소소한 동네 행사를 할 때도 기꺼이 자리를 내주곤 했으니 부잣집도 부잣집이지만 우리 또래로서는 인심 좋고 푼푼한 집이었다는 기억이 더 많았다.

하지만 나는 지금 가시가 귀찮다고 밤나무를 통째로 쳐 버렸다. 얼결에 그리 잘라내고 나니 불현듯 어릴 적의 그 밤나무 동산이 떠오른 것도 우연일까. 나는 불편한 것만 생각하고 야박하게 잘라버렸으나 그 집은 내가 불편하게 여기는 것과는 비교할 수 있는 계제가 아니다.

게다가 아무리 부잣집이라도 관리하는 게 보통 힘들지 않았을 텐데 불평 없이 몇 십 년을 그냥 두었던 것에 비하면 나는 참 옹졸했다. 밤나무 동산이 없어진 것을 알고 한동안 허전하고 서운했던 기억이 채 가시지 않았는데 말이다.

나는 가끔 고즈넉한 날 생각에 잠기다보면 늘 후덕한 분들을 잘 만나 늘 도움을 받는 복 많은 여자임은 분명하다. 지금 시골집에 살고 있는 바로 뒷산 중턱에 정말 예쁜 하얀 부잣집이 있다.

내가 사는 장독대 옆으로 그 부잣집의 아름드리 밤나무가 우뚝 서 있었다. 장마에 큰 나뭇가지가 우리 집 담을 쓰러뜨렸다. 그래 그 사모님께서는 나무를 베어내고 그루터기를 남겨 놓아 주셨다.

우리가 편하게 앉아 쉴 수 있는 쉼터를 제공해 주셨다. 나는 생각한다. 나는 이렇게 복 받은 여자라고 그 이상의 욕심은 없다. 복을 많이 받는 행복한 여자라고 뽐내고 으스댈 수 있으니 말이다. 다만 도움을 받고만 있는 것에 늘 죄송함은 어떻게 다스려 갚을 길 없음에 안타까울 따름이다.

언젠가 고향에 가보니 불현듯 그 장소에 밤나무가 없어진 것이다. 그 터에 새로운 건물이 들어서면서 베어냈다고 한다. 하기야 세월이 얼만데 여태 무사하기를 바랄 수 없으나 마치 나 어린 시절 한 자락이 뎅겅 잘려나간 것 같아 한동안 서운했다. 하지만 그 바람에 지금 이렇게 그 시절이 더욱 연연히 떠올랐으니 새 움이 난 것 같다.

얼마 후 밤나무 그루터기에도 새파랗게 움싹이 나왔던 것이다. 어린 시절은 까맣게 멀어지고 아름드리 밤나무도 없어졌으나 도움을 받은 그루터기는 남아 아득히 그때를 회고할 수 있는 것처럼.

움이 자란다 해도 어릴 때처럼 그네를 뛸 만치 무성해질 수는 없겠지만 어린 시절의 기억도 그루터기에 돋아난 움처럼 그렇게 파릇파릇 자라지 않을까. 그렇게 언젠가는 조금씩 지워지는 삶에 그늘을 만들어 주고 가끔은 뜻하지 않게 꽃도 피겠지 싶어 마음 한 자락이 따스해진다. 해거름 지는 햇살을 받으며 그네를 타던 어릴 때의 기억처럼.

삭정이 인생

　오늘은 메주를 쑤는 날. 우선 가마솥에 불을 지폈다. 어제 저녁에 미리 불려 놓은 콩을 솥에 넣고 푹 삶아 메주를 할 참이다. 통장작을 얼기설기 넣고 새새틈틈 삭정이를 넣었다. 그리고 난 다음 불을 붙이자 금방 타올랐다.
　언제나 그렇지만 통장작만 넣고 지필 때는 불을 붙이기가 어렵다. 그러다가 삭정이를 넣는 순간 활활 타오르는 것을 보는 느낌이 오늘따라 남다르다. 건드리는 대로 푸슬푸슬 흩어지는 삭정이로 불을 지핀 것 때문이었다. 해마다 메주를 쑤어 장을 담그지만 올해는 더 맛나게 되기를 바라는 마음 또한 간절했다.
　삭정이는 살아 있는 나무에 붙은 채 말라죽은 가지를 말한다. 과수나무 전지를 하다 보면 그렇게 죽은 가지들이 수없이 많은데 그 많은 삭정이들을 모아서 땔감으로 불을 붙이면 불 붙는 속도가 무척 빠르다. 전지를 할 때는 아무런 쓸모가 없어서 쳐낸 것이지만 지금 불을 때면서 삭정이 때문에 쉽게 지필 수 있었다는 것 또한 새삼스럽다. 간혹 나무 한 그루 전체가 죽어서 말라버린 것과는 달리 이것은 멀쩡히 살아 있는 나무의 가지였다.

갑자기 눈앞에 어른대는 수많은 환상. 어쩌면 나도 역시 삭정이 같은 인생이라는 생각이 들었다. 젊고 팽팽할 때는 삭정이 인생을 생각지도 못하였거늘 지금 이렇게 나이 들어 아궁이 앞에 앉아 있노라니 예기치 않게 많은 생각으로 머리가 복잡하다. 나 역시도 언젠가는 삭정이 같은 인생으로 많은 주름으로 말라가는 인생이지 싶어 나 살아온 날에 혹은 살아갈 날에 맑았던 싱그러움과 한없이 힘없을 날에 대한 감성이 주마등처럼 스쳐간다.

비록 삭정이라 해도 한때는 푸르게 싱싱한 가지였다. 봄이면 다른 가지와 마찬가지로 수많은 움을 틔워 꽃을 피웠다. 여름이 되면 그늘을 만들어주고 가을에는 열매까지 달았다. 그렇게 수많은 날을 모든 살아 있는 것들에게 그늘과 싱그러운 공기를 제공하며 남달리 푸르름을 자랑했다. 나 역시 무더운 여름에는 그늘을 의지해서 안식을 취했다. 이따금 그 가지에 새가 날아들고 지저귈 때는 싱그러운 자연에 매료되곤 했건만 말라죽은 삭정이가 되어 한낱 불쏘시개로 아궁이 속에 던져진 것을 생각하니 마음이 수수롭다.

다 같은 나무에 붙어 있으면서 어쩌다 삭정이가 되었는지 그 과정이 별로 중요한 건 아니었다. 단지 삭정이 같은 마지막도 결코 서글프지만은 않다는 생각이 든다. 지금은 비록 눈앞에서 한 줌 재로 사그라지고 있으나 삭정이가 되어서도 본분을 다하는 모습은 얼마나 경건한지 모르겠다. 비록 그 본분이야 땔감에 지나지 않았으나 죽은 가지로서는 그만해도 나름 소명을 다하는 것이다.

얼마 후 불꽃이 잦아들었다. 부글부글 끓고 있던 콩도 기세가 조금은 약해졌다. 다시금 삭정이를 모아 한소끔 때고 나니 어지간히 뜸이 들었다. 또 한 번 스쳐가는 생각은 가령 이렇게 뜸을 들일 때도 삭정이가 필요하다. 불길은 비록 생나무 통장작은 못하지만 가령 그것으로 뜸 들일 경우 여지없이 타고 만다.

종이 같은 것으로 대신할 수도 있으나 커다란 아궁이에는 적당치가 않다. 이제 얼마쯤 시간이 지나 충분히 뜸이 들면 어지간히 붉은 빛으로 바뀌고 메주 본연의 색깔이 나오게 된다. 절구에 찧은 뒤 틀에 넣어 꾹꾹 눌러 모양을 낼 것을 생각하니 삭정이로 불을 일으켜 펄펄 끓게 하고 마지막에는 또 알맞게 뜸이 들게 해준 삭정이가 다시금 고맙다.

내게 있어 앞으로 남은 날 또한 삭정이 같은 인생이라고 이름 지어 본다. 나 역시 늘그막에는 내 이웃과 가정에 좋은 모습 다정다감한 모습을 보여주며 성실하게 살고 싶다. 살아있음에 늘 감사하고 어느 누구에게도 감사할 줄 아는 마음이고 싶다. 나이가 들어서도 물론 인간으로서의 교만과 편견이 무수히 많을 테지만 더불어, 삭정이만도 못한 삶이었을지라도 욕망이라는 무거운 짐을 내려놓을 줄 아는 삶을 살아야지 하는 다짐이었다.

삭정이 또한 삭정이로 한 번 죽고 난 뒤에 다시 또 불쏘시개가 되었다. 가령 나 역시 얼마 후 삭정이 같은 이미지로 바뀐 뒤에도 나름 할 일이 또 있을 것이다. 크게 이룬 것은 없을지언정 삭정이 역시 한때 푸르렀던 시절만 돌아보고 의기소침했다면 지금 마지막으로 불쏘시개가 되어 사라지는 비장한 장면은 연출하지 못했을 게 아닌가. 두 번 죽었으나 두 번씩이나 다시 태어났다. 비록 스스로가 아닌 누군가에 의해 아궁이에 던져지기는 했어도 그것을 보며 나 또한 삭정이 같은 인생 이미지를 돌아보고 있다. 죽어버린 삭정이일지라도 마지막은 얼마든지 아름답게 미화시킬 수 있음을 생각해 본다.

포도나무

지인으로부터 포도나무를 선물 받은 것은 8년 전이다. 그 지인은 내가 꽤 좋아했던 사람으로서 크고 많은 포도를 대농으로 하는 포도원의 주인이다. 몇 해가 지난 지금에 사 고마움과 더욱 그때의 생각이 나면서 그리워진다. 여름 뙤약볕에서 잘 익어가는 포도를 볼 때면 더더욱 그리워지는 참으로 유순했던 지인을 떠올리곤 한다. 생물에너지의 원료가 된다는 아주 작고 당이 풍부한 포도가 탱글탱글 익어간다. 한 꼭지에 모여달린 포도 알의 덩어리를 볼 때면 아주 작은 포도나무 몇 그루에서 큰 과수원에서 포도를 재배하는 포도밭 같은 느낌이었다.

초가을이면 포도가 주렁주렁 달린다. 새파란 수내기 틈으로 부얼부얼 부풀린 것 같은 포도송이가 보일 때는 얼마나 탐스러운지 몰랐다. 두어 송이 꺾어서 살짝 씻어 입에 넣는 맛을 상상하지 않을 수 없다. 한 개 혹은 두 개씩 깨물면 그 순간 입안에 싸하니 돌던 달콤한 맛과 향취…. 해마다 먹으면서도 처음 먹는 것처럼 설레던 수많은 기억들.

하지만 처음에는 키우는 게 엄두가 나지 않았다. 순을 치는 것도 그렇고 어떻게 거름을 해야 될지 감이 잡히지 않아 애를 먹었으나 지금은 어느 정도 이력이 났다. 이를테면 포도나무는 햇빛이 좋고 물 빠짐이 좋은 곳에 심어야 좋다는 것 그리고 3월경 새순이 삐죽삐죽 나오는데 그중 아래쪽에 있는 튼실한 놈을 골라 남기고 나머지는 모두 떼어 줘야 딱 한 송이가 탐스럽게 달린다는 것도 알았다.

무엇보다 포도나무를 가져온 첫 해는 한 가닥 순을 위주로 해서 키웠다. 처음 묘목을 가져와 심을 때 약속이나 한 듯 눈을 틔울 때 똑같이 순 하나만 남기고 나머지는 모두 떼어준 것이다. 얼마 후 늦가을이면 자르지 않고 둔 가지가 갈색으로 변하는데 이것이 흔히 말하는 목질 화다. 일반적으로 나무에 거름을 주는 시기는 7월 초순 이전이 적당하다. 7월 초순 이

후 늦여름이나 이른 가을에 시비 할 경우 너무 늦은 계절에 새로운 생장을 자극할 수 있으며, 이것은 가을까지 목질화가 이루어지지 못하여 동해를 받게 되므로 특별히 신경을 쓰는 것이다.

그렇게 한 3년 지나면서 첫 해 포도가 달렸다. 내가 직접 수확한 포도를 따 먹던 그때 기분이라니. 그야말로 감격감격 '짜자잔'이다. 당연히 시장에 나오는 송이로 꽉 찬 포도처럼 탐스럽지 않고 이가 빠진 듯 듬성듬성 달렸지만 내게는 이 후 몇 해를 두고 먹은 탐스러운 송이보다 월등 맛있는 포도였다. 처음 이태는 달리는 대로 먹기가 바쁘더니 시일이 지나면서 갈수록 많이 달렸다. 두 딸들에게도 보내고 더러는 이웃과 나눠 먹어도 어느 때는 남기도 해서 포도즙을 담그고 혹은 포도잼을 만들어 먹기도 했다.

그럴 때마다 나도 모르게 포만해지는 것 같은 느낌이 지금도 선하다. 오래전 아파트에서 살 때는 꿈도 꾸지 못할 일이었었지. 그즈음 우리 집에서 좀 떨어진 단독주택에 포도나무 한 그루가 있었다. 한여름 베란다 문을 열고 보면 맞은편으로 빤히 보이던 집 마당에 여름이면 차일처럼 드리워지던 포도나무 그늘. 화초를 좋아하는지 포도나무 외에도 철철이 온갖 화초가 우거져 있었으나 그런 것은 나도 키우고 있던 터라 별반 느낌이 없었고 포도나무는 도무지 키울 수가 없어서 더 아쉬웠다. 아무려나 절기가 바뀌어 가을이면 우리 집 마당의 풍경처럼 탐스러운 포도가 주렁주렁 달려 나까지 배부른 느낌이었는데 내가 지금 그 포도나무를 키우고 있으니 어찌 감회가 없을까.

포도는 송이가 꽈리처럼 오글오글하게 맺히는 과일이다. 어느 날 무심코 포도송이를 보고 있노라면 자주색 수많은 꽈리가 조발조발 달려 있는 것 같다. 그러고 보니 포도(捕盜)라는 말 자체가 한문식 표기다. 얼핏 생각하면 유럽 그중에서도 포도주로 유명한 프랑스가 떠오르곤 했는데 의외다. 그렇더라도 폐렴이나 식중독의 원인이 되는 세균을 포도송이처럼 생겼다고 해서 포도상 구균이라는 걸 보면 일리가 있다. 결국 중국에서도 포도를 재배해 왔다는 결론인데….

이미 알려진 사실로 포도는 아시아에서 소아시아에 이르는 지방이 원산지다. 그러던 것이 유럽전역에 전파되고 아메리카 대륙에 자생하던 것은 또 미국 종으로 널리 퍼져 지금은 세계 곳곳에서 재배하는 추세다.

그렇듯 세계 과일 생산량의 3분지 1을 차지한다는 포도가 내 집 마당에까지 와서 자라고 있다.

 3월 초 연분홍 새순이 나올 때의 그 앙증맞은 느낌도 좋고 여름에는 그늘이 시원하다. 그 외에 가을이면 풍성한 열매가 입맛을 돋우는 포도나무 다섯 그루야말로 내게는 가족 같은 존재다. 이름이야 다만 한 그루 포도나무지만 언제나 그 자리에 서서 해마다 그늘과 열매로 우리 집 마당을 풍성하게 해주기 때문이다. 그 위에 특별히 어릴 때부터 애지중지 손보며 키워온 터라 더욱 정겨운 나무다.

애기똥풀을 보면서

　길가에 노오란 '애기똥풀꽃'이 한가득 피었다. '애기똥풀꽃'이라니 이름만치나 정겨운 꽃이다. 게다가 참 예쁜 꽃이라 그냥 지나칠 수 없어 잠깐 서서 바라보았다. 드물게 귀여운 꽃. 가지나 잎을 꺾으면 노란 즙이 나오며 다른 이름은 '까치다리'라고도 한다. 전국의 산지와 동네 주변에서 자라는 2년생 초본으로 이름은 참 귀엽지만 독초라서 초식동물은 절대 먹지 않는 풀이다. 어쩌면 그래서 피는 대로 무성히 번져 나가 그리 풍성하게 피었나 보다. 양지바른 곳 어디에서나 잘 자라기는 해도 독성 때문에 하다못해 곤충도 날아들지 않았을 테니까.
　애기똥풀꽃에는 전설이 많다. 하늘나라의 한 천사가 천상의 법을 어기고 지상에 내려와 아기를 낳았다. 하지만 오랫동안 머물 수 없어 아기를 키워줄만한 집을 찾아 이곳저곳을 다니다가 어느 산골마을에서 방금 아기를 낳은 집을 찾았다. 방금 아기를 낳았으니까 자신의 아기도 잘 키워 주리라 생각을 한 천사는 그 집 앞에 아기를 두고는 하늘나라로 올라갔다.

　방에 누워 있던 산모는 문 밖에서 아기의 울음소리를 들었다. 이상한 생각에 나가 보았더니 예쁜 아이가 울고 있지 않는가. 불쌍히 여긴 산모는 하늘나라의 천사가 두고 간 아이인 줄은 까맣게 모르고 자기 아이와 함께 젖을 먹였다. 가족들이 그러다가는 젖이 부족할 테니 관가에 알려서 키우게 하는 것이 좋겠다고 해도 산모는 자기가 키우겠다고, 자기 아이와 천사가 버리고 간 아이까지 키웠는데 그 아이가 온 뒤 부터는 밥맛도 좋아지고 젖도 원래보다는 엄청나게 많이 나와서 아무런 걱정 없이 모두 잘 기를 수 있었다. 더욱 놀라운 것은 주워온 아이가 똥을 싸서 기저귀를 갈아 채우려면 아이의 똥이 간데없이 깨끗하게 사라지곤 해서 기저귀는 항상 새 것처럼 깨끗했다. 그럭저럭 백일이 되어 잔치를 크게 열었다.

　바로 그날 지나가던 각설이들이 와서 음식을 얻어먹으면서 노래를 부르는데 그 내용이 곧 이 집 저 집 다 다녀도 이집 애기가 최고라고 삼천리 방방곡곡 예쁜 처자는 많지만 재색에다 천복을 누릴 이집 애기가 최고라는 노래를 부르는데 그 어머니는 이상한 노래도 다 있다고 할 뿐 깊이 생각하지는 않았다.

　백일잔치를 끝내고 피곤한 어머니는 잠을 자는데 꿈에 천사가 나타나 사실 그 애기는 자신의 애기인데 피치 못할 사정으로 맡기게 되었으며 이제 애기를 데리러 왔다고 하고는 그동안 잘 길러주어 너무 감사하며 은혜는 절대로 잊지 않겠다고 말을 한 뒤 애기를 데리고 하늘나라로 올라갔다. 그 바람에 놀라 깨보니 그 애기가 감쪽같이 사라지고 이듬해 봄이 되었는데 그 애기가 처음 있던 문 밖의 그 자리에 이름 모를 노란 꽃이 피었다. 사람들은 그 꽃의 잎에 가벼운 잔털이 있어 애기피부와 같고 꽃이 그 애기가 누었던 똥의 색깔과 똑같다고 해서 애기똥풀이라고 했다는 약간 허무맹랑한 이야기였으나 내가 봐도 그 꽃은 애기 똥과 너무나 흡사하다.

　결국 그래서 생긴 꽃말이 엄마의 지극한 정성과 마음이었던 것인지 모르겠다. 애기똥풀이라고 할 때 애기라고 하면 무엇보다 엄마의 모습을 그리게 되니 그럴 수밖에 없다. 아니 흔히 엄마들의 애기에 대한 지극한 사랑 같지만 한편으로는 천사 엄마의 몰래 주는 사랑을 뜻하기도 했다. 말할 것도 없이 자기 아이는 물론 천사가 두고 간 아기를 함께 잘 키운 산모가 갑자기 건강해져서 젖도 많이 나게 한 것 또한 천사 엄마가 몰래 보살펴준 그늘 때문이라는 견해도 있었던 것이다.

  아기를 사랑하고 보살피는 어머니 마음은 자기 아이뿐이 아닌 누군지도 모를 다른 아기도 똑같이 사랑해준 것이다. 물론 똑같이 키운다 해도 친 아이에게 더 쏠리기야 했겠지만 일단은 처음부터 자기 아이와 함께 키우겠다고 하는 건 쉽지 않은 일이다. 그나마 건강이 더욱 좋아지고 게다가 그 아기를 키운 뒤로 기저귀에 똥이 묻는 일 없이 깨끗했다고 하는 발상 자체가 남의 아기라도 똑같이 사랑하는 특유의 모성이라고 생각하면 볼수록 마음이 따스해지는 꽃이다.

  저녁에는 애기똥풀 한 뿌리를 캐서 뜰에 심어야겠다. 그동안 내가 조금씩 옮겨 심은 가지가지 화초들 중 유달리 짙은 노란색으로 피면 뜰은 지금보다 더 환해질 것이다. 애들은 이미 다 자라고 이따금 손자들만 드나드는 집에서 그 꽃은 천진한 웃음으로 피어나 곳곳을 물들이겠지. 아득히 오래전 진자리 치워가며 키우던 우리 아기들의 귀여운 모습처럼 말이다.

어머니 날 낳으시고

어머니! 오늘도 이 불효여식은 어머니 생각에 잠 못 이루고 있습니다. 살아생전 먼저 안부를 여쭌 일도 없이 어머니가 먼저 수화기를 들게 했던 여식이 그나마 몇 해를 어머니 없는 세상에 살다 보니 새삼 그리워지고 어머니께 대한 간절한 마음으로 펜을 들었습니다.

일제 강점기와 6·25 분단의 비극 속에서 어렵게 살아오신 어머니! 그중에 저를 낳아 피난길을 겪으며 두 살 난 핏덩이를 키워 주셨지요. 북새통 난리 속이라 어머니 스스로도 건사하기 힘드셨을 텐데 그 난리를 피해 아버지 태어나신 고향으로 떠나면서도 마을 분들을 감싸 안으려 서로 울부짖었다는 어머니 말씀 잊히지 않습니다.

하지만 저는 언제나 불효자식이었습니다. 맏딸이라면 바쁜 어머니 대신 집안일도 하고 동생을 돌보면서 어머니를 도와드렸어야 하는데 어머니 말씀조차 순종하지 못하고 늘 멋대로 굴었지요. 게다가 뭐가 그리 못마땅한지 늘 성질이나 부리고 어머니 마음을 아프게 하였던 불효여식 어머니 먼 곳에 가신 후에야 왜 그렇게 속을 썩여 드렸나 싶은 회한 때문입니다. 참고 또 참으며 살으셨던 어머니를 나 이렇게 나이 들어 어머니께 용서와 자책으로 써 내려갑니다.

어머니 날 낳으시고 날씨마저 추운 동짓달에 얼마나 고생스러우셨을까 생각하면 더더욱 한탄이 나옵니다. 입덧을 할 때가 하필 늦가을이었다고요. 그 즈음 뒤뜰 감나무에 달린 빨갛게 익은 감이 드시고 싶어 나무에 올라갔다가 그만 가지가 부러지는 바람에 아버지께 엄청난 꾸중을 들었다고 하셨지요. 훗날 우리가 감나무에 올라가면, 감나무는 약하기 때문에 절대 올라가지 말라고 누차 일러주시며 오래전 얘기로 우리를 걱정하셨던 어머니!

어머니 말씀으로는 철이 없으셨다고 하셨지만 입덧이 심할 때는 누구에게나 당연한 일이었지요. 아버지가 어머니를 꾸중

하신 것도 유달리 약한 감나무 가지에 올라갔다가 혹 잘못되기라도 하면 어쩌나 하는 걱정스러워 그리 하셨을 테니 그 사건 하나만 봐도 두 분의 금슬이 어땠는지를 알 수 있었지요.

어머니 날 낳으시고 그 시절에는 아버지께서 산후조리를 도와주셨다고 하셨죠. 그래도 첫 아이라 예뻐 해주시면서 불을 지펴 따뜻한 미역국을 끓이셨다고 말씀하시는 어머니는 산후통이 시작되면서 끓는 물에 가위를 소독하시는 아버지의 모습이 그려집니다. 곧이어 저를 낳고는 따뜻한 아랫목에서 아버지가 끓여주시는 미역국을 먹었다고 하니 그때는 그래도 호사를 누렸다고 하시던 말씀이 눈앞에 선히 그려집니다. 진통이 시작되면 곧 바로 병원에 가서 아기를 낳고 산후조리원에서 몸조리를 하는 지금으로서는 생각도 못할 보살핌과 사랑 속에서 온갖 호사를 누리셨다는 말씀이 꿈결처럼 아득해 옵니다.

그렇게 우여곡절 태어나 자랐지만 저는 그렇게 예쁜 딸은 아니었습니다. 차분하고 얌전한 어머니에 비하면 스스로 생각해도 철부지였습니다. 가만가만히 말씀하시던 모습을 반이라도 닮고 싶었는데 저는 언제나 선머슴처럼 굴었지요. 자랄 때는 그렇더라도 결혼하고 아이를 키우다 보면 어머니 마음을 알 텐데도 물정 모르는 철부지였습니다. 그래도 그런 딸이 보고 싶어 이따금 전화를 주셨던 어머니. 그나마도 상냥하게 받지 못하고 '바쁘네, 어쩌네'라고 퉁명을 떨곤 했으니 내 어찌 용서마저 빌 수 있겠습니까.

어느 때는 바람소리에도 어머니 모습이 스쳐갑니다. 몹시도 바람 불던, 하필 그날따라 어머니는 바닷가에 김을 뜯으러 가셨지요. 돌막에 붙은 김을 뜯어내다가 별안간 몰아치는 강풍에 미끄러지셨다고 하시며 허둥지둥 돌아오시던 어머니. 비바람에 옷은 잔뜩 젖고 입술이 파랗게 되어 떨고 계시던 어머니께 저는 뜻도 없이 바람 부는데 거기는 왜 가셨느냐고 버릇없이 쏘아붙였던 그런 여식입니다. 그런데도 화조차 내지 않고 물끄러미 저를 보고만 계시던 어머니가 왜 그렇게 절실히 생각나는지 모르겠습니다.

이제야 생각하니 우리에게 김을 구워 주시려고 그랬습니다. 가시는 동안에도 바람은 계속 불고 바위에 붙은 김을 떼어낼 때도 파도는 여전히 몰아쳤을 테지요. 그렇게 우리 어린 것들에게 김 한 쪽이나 먹이기 위해 그렇게 하신 걸 모르고 바람이 부는데 거기는 왜 갔느냐고 했으니 어떤 자식이든 부모 마음을 온전히 알 수는 없는 것 같습니다. 어머니 하필이면 몹시도 추운 동짓달에 낳으시고 키워주셨다고 그리고는 무척이나 뜨거웠던 여름날 세상 떠나셨다고 회한의 마음 되새기며 살아갈 것입니다.

어머니 날 낳으시고 행복했던 모습과 자라면서 불효하였던 저를 항상 사랑으로 안아주셨던 분 정말 감사하고 이제 늙어 가는 딸의 회한을 용서해 주십시오. 어머니는 그럴 때마다 "애야. 그렇게까지 하지 않아도 된단다. 너는 내게 세상 누구보다 소중한 자식이었단다."라고 하며 웃으시겠지요.

미련한 것은 나이 먹어가면서도 깊게 생각하는 것 없이 언제나 내 곁에 어머니는 계시리라 믿었고 저 세상 가신다고는 단 한 번도 생각하지 못했음입니다. 내 어머니가 떠나신다는 것을 염두에 두지 않고 늘 내 곁에 있으리라 여겼습니다. 정말 죄송합니다.

아무리 속을 썩여 드려도 빙그레 웃기만 하셨던 그 옛날처럼. 못난 자식은 뒤늦게 그 깊은 뜻을 알았지만 이미 세상에 계시지 않는 어머니! 나무는 가만히 있으려 해도 바람이 멈추지 아니하고 이제는 철이 들어 잘 해드리고 싶어도 너무 늦었다는 게 조금은 슬프지만 이렇게 생각날 때마다 어머니를 그리워하는 것으로 못다 한 효를 대신하렵니다.

여기는 등대입니다

밤바다에 크고 작은 불빛이 보였다. 먼저 한 불빛 사이로 "여기는 군함이다. 길을 비켜라."고 하는 호통이 떨어졌다. 그러자 작은 불빛 뒤에서 "안 됩니다. 길을 비키십시오. 저는 김 병장입니다."라고 하지 않는가. "병장인 주제에 먼저 가겠다니 건방지구나. 어서 비키지 못할까."라는 호통에도 여전히 맞받는 소리. 계속되는 실랑이에 짜증이 난 군함에서는 마지막 경고라고 호통을 치는데 동시에 "여기는 등대입니다."라는 엄숙한 대답이 들렸다.

군함의 주인공은 어처구니없게도 등대지기와 실랑이를 벌였던 것이다. 등대를 보고 길을 비키라고 했으니 그런 해프닝이 또 있을까. 제 아무리 군함이든 거대한 유조선이든 등대를 비키라고 할 수는 없다. 등대가 없으면 캄캄한 바다에서 표류할 수밖에 없기 때문이다. 어느 단편 문에서 마음을 울렁이게 하는 씩씩함에서 옮겨 보면서.

엊그제 바다를 찾아갔다. 보이는 건 멀리 하늘과 물결뿐이다. 집채만한 파도가 밀려오나 했더니 돌연 바위에 부딪치며 물보라가 날리고 있다. 갈매기는 물론 짭조름한 갯내음이 참으로 향수적이다. 먼 수평선이 눈썹처럼 가지런해 오고 고깃배가 하나 둘 보이기 시작하면 바다는 그대로 한 폭의 그림이다.

항구에서 떠난 배는 갈수록 작아져 마침내 점 하나로 보이던 풍경이 가끔 떠오른다. 반대로 들어오는 배는 점점 커지면서 뱃머리와 함께 얼마 후 돛이 보이곤 했었는데 내 고향 그 바닷가와 똑같이 재현되는 풍경을 보니 감회가 새로웠다.

요즈음 동해 바닷가의 풍경은 많이 달라졌다. 곳곳에 민박집이 생기는 건 물론 현대식 건물이 곳곳에 들어차 있다. 어릴 적 수학여행을 가서 본, 조개껍질 같은 초가지붕까지는 바라지 않았어도 첨단 건물이 들어서고 빌딩숲으로 변모할 게 두렵다. 달음질쳐 가면 금방 닿을 것 같은 수평선도 연무 현상 때문인지 가끔은 흐릿하게 보인다. 해거름이면 떼로 모여들던 갈매기도 보기 힘든데 수평선과 바닷가 가까이의 마을들의 불빛을 등대삼아 살던 곳은 그대로였다는 게 좀은 위로가 된다. 밤이면 뱃길을 인도해 주는 게 등대가 아닌 오징어배의 불빛과 마을의 불빛이었으니 이렇다 할 배경도 없이 늘 동경의 대상으로 떠올랐지 않은가.

수평선은 즉 마음이 고즈넉할 때 바라보는 꿈과 소망의 상징이었고 바로 그것이 바뀌지 않고 여전했다는 데 대한 안도감이라 할까. 비록 살면서 모든 것은 지워지고 사라졌으나 꿈을 새기던 지표는 그대로라는 게 지친 마음을 달래는 것처럼 여겨진 셈이다. 등대가 아닌 오징어배의 불빛 또 어떤가. 어릴 적, 밤길을 밝혀 주는 의미도 모른 채 동경했던 그것이 지금으로서는 방향을 가리키는 지표였던 것처럼 앞길을 인도해 주던 지침과 가치관이 떠오른 것이다.

어쩌면 그러한 꿈과 소망이 있어 저마다의 삶을 살아왔는지 모르겠다. 우연인지 하필 오징어배와 수평선이 마주하고 있었다는 점에서 모두의 꿈과 소망이 등대의 불빛처럼 각자의 앞길을 비춰주었음을 유추를 해 보았다. 마을이 가까이 있고 바다 가운데 오징어배의 호화로운 불빛이 있는 한 수평선을 오가는 배는 늘 안전하듯이 꿈이 있고 목표가 있는 한 활기가 넘칠 수밖에 없다면 그보다 더한 소망이 또 있을까.

　나 어릴 적 살던 바닷가 마을이 다른 것은 바뀌었어도 고깃배 드나드는 수평선과 마을의 불빛이 여전한 것도 마찬가지 힘이 되었다. 사는 데 지쳐 후줄근해졌어도 즉 나의 모습은 내가 봐도 알아보기 힘들게 달라졌어도 마지막 하나 내 삶을 지탱해온 꿈을 잃지 않고 나름대로 지켜온 것에 대한 안도감이었다. 욕망을 추구하는 한 우리는 결코 행복해지지 못한다.

　소망을 버리고 이미 이루지 못할 목표도 없고 행복에 대해서도 말하지 않게 되었을 때 세상의 거친 파도는 잔잔해지고 마음도 비로소 온전한 휴식을 얻게 된다. 60이 넘도록 소망 어쩌구 하는 자세와 어긋나는 것 같지만 소망을 잃지 않는 자세가 아닌 행복에의 집착이 되었을 때를 우려한 것 같다. 내가 말한 소망은 즉 행복해지기 위한 도구라기보다는 끝없는 삶의 파노라마에 도전하면서 날마다 새로운 삶을 사는 자세를 말하는 것 같다.

　문득 바람이 차다. 시계를 보니 7시, 어느새 해거름이다. 멀리 수평선 위로 지는 해가 풍경처럼 아름답다. 조용히 저녁을 보내고 내일의 태양을 맞을 채비를 하는 게 무슨 의식처럼 경건해 보인다. 물결도 사뭇 경건해서 바다 역시 온종일 부딪치고 부서진 물결을 다 가라앉힌 뒤 휴식을 취하는 것으로 보였다. 내 삶의 여울도 지금쯤은 가라앉히고 휴식을 취하면서 새로운 내일을 맞고 싶다. 저 파도가 치는 것은 새롭게 떠오를 내일의 해를 맞이할 준비를 하는 과정이었다는 그 또한 내가 동경해온 소망이었으니까.

여리꾼의 고통

해질녘 옷이라도 좀 사 입을까 하여 시내로 나갔다. 매번 어디 좀 외출을 하려면 막상 입을 옷이 없다. 시내에 나가니 음악소리는 쿵쾅거리고 정말 신나는 음악과 함께 여리꾼들이 춤과 음악으로 많은 사람들을 끌어들이려 안간힘을 쓴다. 이 뜨거운 여름날 탈을 쓰고 있으니 얼마나 더울까.

나 역시도 옷을 고르고는 있지만 많은 인파 속에서 여리꾼의 역할을 하는 게 너무 더워 보이고 안쓰러운 마음이 든다. 하지만 지친 기색 없이 계속 뛰고 홍보에 여념이 없는 것을 볼 때 자신의 일에 최선을 다하는 것을 자랑스럽게 여기는 직업의식에 고개가 숙여진다.

여리꾼은 상점 앞에서 손님을 끌어들여 물건을 사게 하고 주인으로부터 얼마간의 보수를 받는 사람이다. 비슷한 말로 삐끼가 있는데 밤이 이슥한 때에 도회지 유흥가를 지나다 보면 공연히 다가와서 팔을 잡아끄는 사람들을 속된 말로 '삐끼'라고 한다. 우물쭈물하다가 따라간 순진한 취객들은 자칫 바가지 쓰기 일쑤다. 그들이 손님을 끌고 들어가는 곳은 대부분 불법 영업을 하는 유흥업소이기 때문이다.

오늘 내가 본 여리꾼은 불법 유흥업소가 아니라 일반 상점으로 손님을 끌어들인다. 일단은 유흥이 아니라 물건을 사게 한다는 점에서는 오늘날의 '삐끼'와 옛날의 '여리꾼'은 다르지만 거리에 나가 손님을 끌어들이는 일이나, 그 대가로 주인으로부터 보수를 받는다는 점에서 '삐끼'와 '여리꾼'은 비슷한 직업이다. 손님을 불러 물건을 사게 하는 것을 '여립켜다'라고 하는 것만 봐도 알 수 있다.

여리꾼은 흥정을 붙이고 여리를 취하는 사람이다. 조선시대 육주비전의 상인들은 아들에게 상인들끼리만 쓰는 말을 가르쳐 다른 가게로 보냈다. 간단히 말하자면 상인수업을 받게 하는 것인데 스무 살이 되면 대부분 가게를 차려 내보냈는데 그 중 독립을 못한 사람은 여리꾼으로 세워 손님을 끌어들이게 했다. 그 외에 주릅이라 하여 흥정을 붙여 주고 보수를 받는 사람을 이르는 순 우리말도 있다.

여리꾼과는 다르지만 장터에서 사고파는 흥정을 붙여 주고 구전을 받아먹고 사는 사람으로 중도위나 우다위, 거간꾼으로도 불렸다. 약재(藥材)의 매매를 거간하는 사람은 약주릅, 집을 사고파는 일에 나서는 주릅은 요즈음의 공인중개사다. 소 시장에서 흥정을 붙이는 사람은 쇠살쭈라고도 했는데 최근에는 또 샌드위치맨이라 하여 요란한 복장에 가게 이름을 써 붙이고 손님을 끌어들이는 사람이 있다. 빵 조각 사이에 달걀이나 고기 등을 끼워 먹는 게 샌드위치 듯 장사꾼과 손님 중간에서 매매행위가 이루어지게 하는 역할을 나타내고 있다.

그중에서도 중매를 순 우리말로 재여리라고 하는 것도 특이하다. 상행위가 아니라 혼인이 이뤄지도록 중간에서 힘쓰는 사람 이른바 '중매인'이었는데 오래전에는 '재여리'라고 했다. '싸움은 말리고 흥정은 붙이랬다'는 속담은 나쁜 일은 말리고 좋은 일은 권해야 한다는 것인데, 인간관계에서 주릅이 이루어지고 흥정이 자주 붙는 일이 많을수록 사람 사이에 온정이 흘러 함께 잘 살 수 있지 않을까.

무엇보다 그 역할은 양쪽을 제대로 알고 있을 때라야 가능하다. 가장 흔한 흥정을 붙이는 일도 물건을 팔려는 사람과 사고자 하는 사람의 욕구에 맞도록 절충안을 내놓을 때라야 이루어진다. 가장 비싸게 팔려는 사람과 최소 가격으로 사려는 사람의 가교 역할을 하는 건 쉬운 게 아니다. 아울러 그게 1대 1이라면 성사가 되지 않을 것도 중간 역할이 들어가면서 수월하게 이루어지기도 할 테니 없어서는 안 될 직업이다.

특별히 중이 제 머리 깎지 못하는 심리를 이용한 재여리는 자못 익살스럽다. 어떤 부모든 좋은 자리에 혼처를 정하고 싶겠지만 스스로 나설 계제는 아니다. 그래서 매파라고 할 재여리를 중간에 놓는 것이다. 더불어 여리꾼이나 주릅 등의 역할은 다분히 잇속을 챙기는 일이었으나 혼인을 성사시켜 주는 재여리는 잘만 성사되면 술이 석 잔이라는 표현으로 한 걸음 양보하고 물러선다. 혹 잘못되면 뺨이 석 대라는 각오도 해야 되는 게 여리꾼과 재여리의 고통이라면 그에 준하는 한자말 거간(居間)이, '사이에 있는 사람'이라는 의미는 당연하다.

최근 다른 사람을 대신해 업무나 교섭을 대행할 수 있는 권한이 부여된 사람을 '에이전트(agent)'라고 하는데 넓은 의미로는 '대리인'과 '대행인'이 될 수 있고, 일이 잘 성사될 경우에는 '커미션'을 받는다. 프로의 냄새가 물씬 나는 멋진 직업이었으나 엄밀히 말해 흥정을 붙이는 사람으로 그 에이전트와 똑같은 뜻을 가진 우리말이 바로 '주릅' 또는 재여리다. 똑같이 막중한 역할이다.

단지 중간에서 농간을 부리며 터무니없는 이익을 챙기는 까닭에 더러는 사기 비슷한 직업으로 알려지기도 했지만 거간이든 여리꾼 혹은 재여리든 양쪽 사람 모두가 신뢰하는 사람이 아니면 맡길 수는 없기에 녹록치 않은 일이기도 했다. 그런 만큼 정직하게 자기 몫만 챙길 경우 제법 멋진 직업으로 바뀔 수 있다. 여리꾼의 고통은 무엇보다 원만한 중간역할이고 그것은 또 말하자면 윤활유를 치는 것처럼 사람과 사람 사이를 부드럽게 하는 과정이었기에.

영산(嶺山) 아리랑

 "아리랑 아리랑 아라리요. 영산리 하고도 공산정에서 서낭당고개 바라보며 모든 설움 잊고 오늘도 복숭아 농사에 여념 없네. 아리 아리 쓰리 쓰리 아라리요. 영산2리의 공산정 평화로운 들녘이 온통 복숭아 천지라네."

 모처럼 마을 뒷산에 올랐다. 울멍줄멍 산자락은 잡힐 듯 아련한데 그 속에서 읊조려 보는 영산 아리랑. 우리 마을의 그 아리랑도 흔히 듣는 아리랑처럼 사람들이 지칠 때마다 시름을 달래던 노래였을 것으로 감히 아리랑으로 노래 불러본다. 별 뜻 없이 그저 자기 사는 마을에서 그것도 무심히 지나치던 서낭당 고개를 바라보며 시름을 달래고 마음을 추슬렀을 배경을 생각하니 마음이 짠하다. 그때보다 사는 건 편하고 다양해졌지만 곡절과 애환은 별반 달라진 게 없을 거라고 내 스스로 반문해본다.

오래전 뒷산 자락에 서낭당고개가 있었다고 한다. 지나갈 때마다 사람들은 제각기 소망을 빌었을 테니 지금도 바라보면 아련한 느낌이다. 어쩌면 우리 마을의 상징이 될 수도 있는 그곳, 어느 때 망연히 바라보면 나도 모르게 안온한 느낌이 들곤 했다. 영산2리는 옛날에 공산정이라고, 학이 마을을 보듬고 있는 것 같아서 귀 공(公)자를 썼다고 하며 인근에서도 귀한 마을로 여겼다. 이 마을에 정착한 것도 어언 17년, 처음 우연히 왔을 때는 그림같이 예쁜 마을과 산 밑의 오래된 집이 마음에 끌렸다. 남편도 마침 정년퇴직을 앞둔 터라 낙후된 집이나마 요모조모 손 보고 수리해서 지금까지 살고 있다.

뒤늦게 자리 잡은 곳인데도 유달리 정이 가는 곳. 그래 이따금 산책 삼아 다니면 뜬금없이 흥도 나곤 했으나 아리랑 곡조에 가사를 붙여 본 것은 오늘이 처음이었다. 아리랑이라 해도 고샅길을 걷다가 그림 같은 풍경에 취해서 부른 즉흥적인 노래였는데 스스로도 그게 더 정스럽다. 이웃 사람들이 짓고 있는 복숭아 농사만 해도 그런 저런 애환 속에서 명맥을 이어

왔을 것 같다. 내가 사는 마을 영산리 잔자골이 아니었으면 얼결에 그런 타령이 나왔을 것 같지 않은 느낌과 흡사했다.

아리랑이라 함은 나 아(我)에 이치 이(理) 사내 랑(郎)에 즉, 나는 순리대로 사는 사내라 하여 우리 마을을 이야깃거리로 예언하는 듯하다. 사람이라면 당연히 순리대로 살아야 마땅하거늘 어찌 그 순리를 거스를 수 있으랴만 살아가노라면 온갖 불필요한 일에 매달릴 수 있다. 하지만 우리 고을은 감곡 미백 복숭아로 널리 알려진 인기상품을 수확하는 복숭아 같은 아름다운 고장이다.

말이 좋아 과수원이지 일은 힘들고 수입도 신통치 않은 가운데서도 천직으로 알고 사는 사람들 때문에 우리 고장의 명물인 햇사레 복숭아가 탄생했다는 의미다. 내가 봐도 농사에 들이는 정성과 공을 생각하면 다른 일도 너끈히 할 수 있는 상황이다. 고향을 떠나 살고도 싶을 때도 없지 않았을 텐데 그럼에도 불구하고 꾹 참고 지금까지 버텨온 것은 곧 고향의 아리랑 고개 이미지처럼 살아야 된다는 의식이 잠재된 듯싶다.

뭐랄까, 마을 사람들을 보면 본분에 맞추며 천직으로 알고 사는 자세가 더 인상적이다. 결과적으로 누군가 고향을 떠날

지언정 별반 차이는 없다. 그런데도 본인으로서는 왜 그런지 순리에 어긋나는 것 같은 강박관념 때문에 힘들게 고수하는 사람들. 바로 그 집착에 가까운 의지가 가장 필요한 식량과 먹거리를 제공하는 사람들의 아리랑 의식이었을 것이다.

 복숭아만 해도 여기 정착하면서 17년 간 물리게 먹은 과일이다. 제철이 되면 말도 없이 그냥 놓고 가는 경우가 허다했다. 나들이라도 다녀와 보면 헛간이고 툇마루에 덜렁 갖다 놓았다. 정품은 아니지만 흠집이 약간 있을 뿐 때깔 좋은 복숭아가 박스 째 있고 어느 때는 이남박에 쏟아놓기도 했다. 누군지 알 수도 없고 빈 집에 그리 갖다 놓았으면 연락이라도 해줘야 하지만 그대로 며칠 후 만나면 그제야 생각난 듯 "복숭아 갖다 놨는데 먹었어?"라고 하면서 알게 되는 일이 흔했다.

 이후 만나지 않았으면 그대로 지나쳤을 그 또한 아리랑 인심이었다. 반값에라도 팔면 요긴하게 쓸 텐데도 마다 않고 주는 인심이다. 힘들여 농사지은 과일을 사심 없이 주는 마음은 곧 순박한 시골 인심 그대로다. 어느 날 서울에서 내려와 보니 마을을 둘러싸고 있는 둥글게 완만한 산자락 또한 어느 것 하나 모나지 않고 푸근한 느낌이었던 것처럼. 거기 떠가는 구름도 먹장구름 외에는 모두 유유자적 흘러가고 새들 역시 아기자기 예쁜 게 늘 환상적이었다. 농사일에 잔뼈가 굵은 사람들일지언정 바라볼 때마다 어찌 감상이 없을까 싶고 그게 시골 특유의 인심으로 형성되었을 것이다.

하지만 두루뭉수리 같은 개념은 아니었다. 우리 마을의 주민들이 신통치 않은 수입과 타산 속에서도 꿋꿋이 고향을 지킬 수 있었던 것은 곧 부드러운 중에도 흔들리지 않는 소신 때문이었다. 바람에 숙이기는 해도 결코 부러지지 않는 갈대처럼 묵묵히 세파에 맞춰 살지언정 농사꾼으로서의 소명은 잊지 않는다. 그게 또 아리랑 고개 밑에 자리 잡은 동네에 살 동안 형성된 기질이라면 삶도 역시 그랬다. 아리랑 고개에 봉우리라 해도 둥글지 않고 모나면 끊기게 될 테니 원만한 가운데 이어지는 고개 이미지야말로 쉬지 않고 나아가는 삶의 노정 그대로였다.

언덕에서 마을을 내려다보는 심경이 유달리 따스하다. 봄이라는 절기도 절기지만 아리랑을 연상하면서 떠오르는 온갖 상념 때문이다. 공산정이라는 마을에서 더불어 살며 마을 전체가 오롯이 하나로 되는 느낌이 소중하다. 다툼이 왜 없을까마는 농사를 짓는 동안만큼은 서로 아우르며 사는 분위기가 아름답고 그래 해마다 물리도록 복숭아를 먹게 되는 인심도 풍요롭다. 우연히 고샅길을 가다가 떠오른 아리랑 이미지가 살아온 여정에 얼비치면서 마음까지도 흐벅진 하루였다.

4.
처음 가는 길

인(人)두겁을 썼으면

　차마 인두겁을 쓰고 할 수 없는 일이 공공연히 자행되는 요즈음이다. 울음을 그치지 않는다고 22개월 된 아들을 주먹으로 때려 숨지게 한 부모가 있는가 하면, 미운 남편과 닮았다는 이유로 다섯 살 아들을 굶겨 영양실조에 걸리게 한 엄마도 있다. 혹은 아들이 아버지를 죽이고 교사가 여학생을 성폭행하는 등 이루 헤아릴 수 없이 많다.
　'인두겁을 쓰다'라는 우리말이 있는데 겉으로만 사람의 형상을 하였을 뿐, 행실이나 바탕이 사람답지 못함을 가리킨다.
　인두겁을 쓰고 어떻게 그럴 수가 있느냐 하지만 이것은 기실 극히 일부에 지나지 않는다. 공개되지 않은 채 흐지부지되는 사건도 세상에는 숱하게 많다. 그렇더라도 철없는 어린애가 뭘 안다고 굶기는 부모나 아버지를 죽이는 것은 사람의 탈을 쓰고 할 짓은 아니다. 더욱 세상에는 개인적이 아닌 수많은 사람들에게 차마 못할 짓을 하는 경우 또한 비일비재하다. 그중 6백만 명의 유태인을 죽인 아우슈비츠 수용소 대학살 사건은 세기적으로 알려진 일이거니와 역사 또한 알고 보면 잔혹한 인간의 모습이 반영된 거대한 흐름이 아니었을까 싶다.

인간이라면 즉 모두가 인두겁을 쓰고 태어난다. 어떤 경위와 형태로든 사람의 탈이나 형체를 갖추고 하나의 인격체로 살아간다. 특별히 인두겁 할 때의 인은 사람과 사람으로서 즉 서로 기대고 의지하는 모습을 형상화했다. 사물의 모습을 본떠서 만든 상형문자를 보면 가히 그럴법하다는 생각이 들곤 하는데 왜 그래야만 했을까. 게다가 사람으로 태어나는 것보다 더한 축복은 없으련만 왜들 그렇게 인두겁이 어쩌구 할 만치 악행을 저지르는지 모르겠다.

가령 옛날 얘기에도 보면 단지 사람으로 다시 태어나기 위해 온갖 어려움을 다 감수한다. 더 멀리 갈 것 없이 우리나라 단군신화에도 보면 사람으로 태어나기 위해 쑥과 마늘로 백일을 견디는 이야기가 나온다. 호랑이는 견디지 못하고 뛰쳐나

가지만 참을성 있게 견딘 곰은 마침내 사람이 되는 이야기다. 즉 사람이 되는 것은 그만치 축복이라는 뜻인데 그렇게 태어나고도 인두겁만 쓰고 산다는 지탄을 받는다면 사람으로 태어나기 위해 치러야 되는 수많은 과정이 무색해지지 않을까.

하지만 그래서 도덕에 대한 경건한 마음이 드는 것인지 모르겠다. 앞서 말한 것처럼 우리 상상도 못할 별의별 사건이 벌어지는 게 세상이지만 그럴 때마다 새삼 도덕의 중요성을 견지하며 마음을 다스리는지도 모르겠다. 나쁜 사람을 보며 '나는 저러지 말아야지'라고 다짐을 하게 된다면 그 사람은 이 세상에 태어난 몫을 한다는 뜻이다. 세상 사람은 모두가 녹을 받고 태어난다는 게 그 뜻이었을까. 자기 스스로는 손끝 하나 까딱할 수 없는 장애인이 태어나는 것도 우리 그것을 보며 건강하게 잘 태어난 것에 감사하라는 뜻이었던 것이다.

아울러 '사람의 탈을 쓰고 그럴 수 있는가'라고 하지만 무엇보다 남이 아닌 나 자신에 대한 관건으로 삼아야 될 것이다. 나 스스로 남에게 이렇다 할 피해를 준 것은 아니지만 그로써 만족하는 건 자기합리화일 뿐이다. 인두겁을 쓰고서 하지 말아야 될 일도 많으나 인두겁을 쓰고 태어났기 때문에 해야 할 일은 또 얼마나 많은지 모르겠다. 세상 못된 일을 하기에는

100년도 못 되는 인생도 무척 길지만 착한 일을 하기에는 너무나 짧은 게 인생이다. 세상 남을 위해 할 수 있는 좋은 일은 무한정으로 많다는 의미다.

결국 남을 향해 인두겁을 논하기보다는 나 자신부터 경건한 자세를 다져야겠다는 생각이 들었다. 이를테면 남에게 어떤 피해를 주고 손해를 입히는 등의 차원은 거론될 여지조차 없다는 뜻이다. 그렇게 따지면 인두겁에 대한 행동은 뭔가 마음먹고 생각을 할 때부터 거론되어야 맞다. 가령 누군가를 미워할 경우 겉으로 드러내서 말하지 않았어도 마음에 품는 순간 벌써 죄악으로 간주될 수 있기 때문이다. 말하지 않은 이상 남이 알 리는 없으나 마음에 진즉 담고 있었으니 나 자신은 알고 있기 때문이다. 남의 손가락질보다 무서운 것은 자기 자신은 결코 속일 수 없는 양심의 본체다.

수많은 사람을 속일 수는 있을지언정 나 한 사람 자신을 속일 수 없는 것도 그 한계였다. 그것은 또 나 자신 기억상실이 되지 않는 이상 언제까지고 남아 스스로를 괴롭힐 테니 인두겁 어쩌구 하는 것은 결국 남의 이목보다는 나 자신의 양심과 도덕성 문제라고 다짐해 본다. 인두겁은 또 남을 향해 말할 수 있는 게 아닌 스스로의 문제라는 것까지도. 지금 이 순간도 세상 어디선가는 상상도 못할 끔찍한 일이 자행되고 있을 것이나 그렇더라도 우리 모두가 좀 더 인간적으로 살기 위한 마음을 갖고 수양에 힘쓴다면 약간은 정화될 수도 있겠다. 바닷물이 썩지 않는 건 3%의 염분 때문이듯 그런 사람들 때문에 조금은 살만한 세상으로 바뀔 테니까. 아울러 인두겁을 썼으면 하는 가정은 무엇보다 내게 적용될 화두였으니까.

잔자골의 봄

 오늘은 텃밭을 일구는 날. 봄채마를 가꾸어 먹으려고 채소밭을 일구는 중이다. 우선 겨우내 쌓인 티겁지와 검불을 골라냈다. 흙을 파 엎어 두둑을 만들고 돌을 골라낸 뒤 반반히 다듬었다. 물이 잘 빠지게끔 고랑도 반듯하게 내고 보니 볕이 따스한 게 제법 봄기운이 묻어난다.
 문득 어디선가 들리는 봄의 교향곡. 그것은 또 추운 겨울을 극복한 뒤의 기쁨을 나타낸다. 우리가 현재 누리고 있는 행복이 소중하다면 어려움을 극복한 까닭이었다. 우리의 꿈과 소망은 그냥 이루어지는 게 아니었으니까. 가장 푸른 하늘 뒤에는 무서운 태풍이 기다리고 있다. 태풍이 지나가지 않으면 푸른 하늘은 볼 수 없는 것처럼 겨울이 아니면 봄 서곡을 연주할 수 없다.

하지만 봄은 또 속히 가 버리는 게 특징이다. 북상하는 꽃소식에 이제는 봄인가 보다고 느낄 새 없이 후딱 가 버린다. 새싹이 돋고 꽃이 예쁜 계절이라 해도 속히 지나가기 때문에 그만치 아쉽고 아름다운 계절인지도 모르겠다. 생각하니 언제부터 따스해졌는지 아렴풋할 정도로 툭하면 춘설에 바람에 어수선했던 날들. 입춘을 전후할 때부터 봄기운이 느껴지기는 했으나 추웠던 기억이 더 많기 때문에 아무래도 3월이 지나면서 시작되었을 것이다. 그렇더라도 여전히 춥고 쌀쌀했지만 그런 속에서 싹트는 것 또한 봄의 운명이었다.

봄이 아름다운 것은 그만치 짧기 때문이었을까. 꽃도 좋고 푸른 하늘 어우러지는 새소리도 아름답지만 길지 않고 짧기 때문에 우리 더 기억하게 된다. 유달리 짧은 봄에 피어서인지 꽃들 역시 덩달아 빨리 진다. 그나마도 춘설에 꽃샘에 시달리다 보면 열흘도 채 되지 않는다.

우리 나름 견디고 노력한 끝에 뭔가를 이룰지언정 자칫 뜻밖의 여파를 가져올 수 있기에 그 와중에도 생각지 않은 어려움이 닥치면서 제동이 걸리기도 하는 것처럼. 겨울을 이기고 어렵게 핀 꽃이라도 너무 오래 가면 식상해질 수 있기에 짧은 열흘 동안에도 춘설에 바람까지 동반되는 봄 속내 그대로다.
　가령 시들지 않고 영원하다면 봄꽃이 그렇게 아름다울 리가 없다. 길어 봐야 열흘이고 더러 피지도 못하고 지는 까닭에 아쉬워하며 의미를 찾고자 하듯 인생 역시 풀잎의 이슬처럼 잠깐이라 나름대로 최선을 다하게 된다.
　찬란한 봄이 겨울 다음이기는 해도 극히 짧은 것처럼 역경과 시련의 바톤을 건네받은 행복 또한 짧은 순간일 수밖에 없는 섭리를 본다. 아울러 꽃이 어느 날 하루아침에 핀 것은 아니듯 우리에게 소망이 있다면 오랜 날 품어 안은 채 정성을 기울여온 과정 때문이었다.
　봄이 우리에게 내리는 무언의 가르침이었던 걸까. 자연 스스로가 엄숙한 교육의 현장이지만 봄 메시지는 특별히 더 강렬했다. 나 또한 일 차 죽은 땅에서도 굽히지 않고 싹을 틔우는 생명력을 보았지 않은가. 그 위에 아무리 힘들어도 꾹 참고 기다리면서 마침내 꽃 피우는 저력을 보았다.
　이제 얼마 후 또 벚꽃이 피면 열흘 이상 예쁘지 않은 섭리를 알게 될 테고 아울러 오래 기다린 끝에 꽃을 피우는 등 소망을 이루었어도 금방 떨어질 수 있는 지혜 또한 배울 것이다.

증명이나 하듯 벚꽃이 만발할 동안도 봄은 벌써 떠날 준비를 하고 있었다. 달래며 냉이 등의 들나물은 그새 쇠어 버렸고 얼마 후에는 산나물이 나올 차례다. 뒤미처 뻐꾸기가 울 동안이면 봄꽃은 지고 그 다음에는 예의 신록으로 치닫곤 했으니까.

오후가 되면서 햇볕이 더욱 노곤해진다. 텃밭 고랑마다 상추며 아욱 등 씨앗을 넣을 생각을 하니 모처럼 흐벅지다. 이제 봄볕을 받아 하루하루 너울해지고 아침마다 다듬어 무치면 그야말로 봄내음 가득한 식탁이 되지 않을까 싶다.

기껏 텃밭 하나 만들어 놓고는 집으로 내려가는 발길이 유달리 가볍게 느껴졌으니 봄내음 때문일까. 밭 두럭에 파랗게 올라오는 나물이며 산새가 오르내리는 하늘만 봐도 이제는 진짜 봄이라는 생각이 들었고 잠깐 쉬면서 터득한 봄의 섭리가 더욱 신선한 느낌이다.

텃밭을 지나 길모퉁이를 돌아가면 우리 마을 잔자골은 유난히 아름다운 산새와 골 자체가 애잔함과 농축된 느낌의 자연 그대로이다. 언제나 생각하며 거닐 수 있는 동반자와 같은 우리 마을 모두의 산책로인 것으로 여겨진다. 서슴없이 거닐 수 있는 정감이 늘 넘쳐 나는 모퉁이를 오늘도 묵묵히 깊이 있는 생각으로 걷는 마음 참으로 애틋하다.

  일 년의 시작은 봄이라는 것처럼, 더욱 그 봄은 또 언제 꽃샘과 황사를 동반할지 모른다는 것처럼, 어려움 많은 삶의 곡절도 능히 헤쳐 나가리라 다짐해 본다. 봄이 오는 잔자골 모퉁이를 돌아든다.

장마철 얘기

  아침부터 새까만 구름이 모여든다. 기상청 예보를 보니 곧이어 장마가 시작될 것 같다. 한동안 날씨가 계속 음산하기만 했다. 잔뜩 흐린 데다가 바람까지 부는 게 장마철 특유의 한 장 스케치였다.
  어릴 적 기억 때문인가 장마철이면 괜히 마음이 스산해진다. 공교롭게도 수업이 끝나고 돌아갈 즈음 비구름이 몰려오면 어떻게 집에 가야 되는지 걱정하느라 수업은 항상 뒷전이었다.
  무엇보다 두려운 것은 삽시간에 하늘을 뒤덮던 새까만 구름이었다. 여느 때 보던 그 양떼처럼 혹은 하얀 솜같이 부얼부얼 부풀어 있던 아기자기한 모습은 간 데 없이 흉하기만 했다. 일단은 악마의 뱃속처럼 시꺼멓고 또는 괴물이 허공에 버티고 앉아 심술을 부리는 것 같아 늘 섬뜩했다. 곧이어 엄청난 비바람을 맞으며 집까지 걸어서 갔다. 우산도 없었지만 있다 해도 바람에 금방 뒤집히기 때문에 차라리 그냥 맞고 가는 게 편했다.

시골 바다의 비바람은 상상을 초월한다. 초속 20㎞ 정도의 어마어마한 기세는 그야말로 고기잡이배들까지 뒤집어 놓을 정도다. 어느 때는 너무 바람이 세어서 걸어가기도 힘들다. 앞으로 나아가려면 바람에 자꾸 밀리는 기분이었다. 나 자신 체격이 왜소한 것도 아닌데 그 정도였으니 지금 생각하면 참 어지간한 바람이었지 싶다.

하지만 그렇게 장대비가 쏟아지고 나면 한차례 시원하기는 했다. 된 볕을 받아 천근만근 늘어져 있던 세상이 반짝 생기가 돌고 능소화도 비를 맞아 푸르러진다. 바가지로 퍼붓듯 하는 기세가 보기만 해도 장쾌한 느낌이었는데 그 기분도 잠시, 습도가 높아지는 바람에 무척 힘들다. 처음에는 물난리가 나는가 싶더니만 간간이 그칠 때는 후텁지근한 게 짜증이 날 정도다. 비가 올 적마다 쥐어짜는 것 같은 습기가 묻어나고 다음에는 으레 더위가 기승을 부렸다.

  더위 중에서도 무더위가 힘든 것은 습기 때문이다. 볕이 잘 끈 나면 끈적이는 것은 덜하기 때문에 더위는 가시지만 습기까지 가세되면 말 그대로 무더위가 된다. 물러나든지 진을 치고 자리를 잡든지 해야 될 텐데 이것도 저것도 아니다. 울화가 치밀 만큼 꾸물거리는 게 일이지만, 불쾌지수가 최고조에 달하는 그런 날씨도 가끔은 필요한 걸 알겠다. 덥기는 하고 어떻게 할 수 없어 밀가루 빈대떡을 부쳐 먹으며 소일하는데 유달리 맛있었다.

  콩고물 인절미도 그즈음이 맛있다. 녹두나 동부고물은 빨리 쉬기 때문에 적당치 않아도, 콩고물은 쉴 리가 없고 까슬까슬한 고물 특유의 느낌 또한 늘어지는 날씨에 부드러워지면서 고소한 맛으로 바뀐다. 오이지 또한 장마가 오락가락하는 지금이 최적의 맛을 낸다. 오이지에 끓여 넣은 물은 장마철과 함께 곰팡이나 끼듯 허옇게 되는데 그게 가장 맛있게 되는 증좌다. 잠긴 물이 말똥한 게 깨끗하면 십중팔구는 맛이 감해졌다는 뜻이다.

  오이지 역시 깔깔한 채소다. 어릴 적 텃밭에 있는 것을 따 먹다 보면 생채기가 날 정도로 가시가 많았다. 살갗이 얇기도 했지만 몸통에 가득 돋아난 가시가 주범이다. 그처럼 억센 채소라서 한증이나 하듯 눅진한 날씨에 고유의 맛이 형성되었을 것이다. 소금물을 끓여서 부을 때가 장마철과 맞물리면 군내가 나기 쉽다. 그러나 며칠 전 따끈따끈한 날씨가 이어질 때 끓여 붓고는 일차 맛이 들면서 먹기 시작할 때 눅진한 날씨가 되었으니 참으로 잘된 일이다.

  그때는 말할 것도 없이 소강상태가 된다. 앞으로 나가는 건 고사하고 차라리 뒤로 물러서기나 했으면 낫겠다 싶을 정도로 짜증스러운 날씨다. 엉거주춤 제자리만 맴도는 건 필요없다고 생각했으나 지금은 생각의 폭이 넓어진 것인지 그런 날씨에 맞는 음식도 있다는 시각으로 보게 되었다.

  그런 날은 또 수도꼭지에 종일 물방울이 맺혀 있다. 수도꼭지뿐 아니라 면으로 된 옷과 종이가 습기를 머금다 보면 허풍 좀 떨어서 쥐어짜고 싶은 생각이 들 정도였으나 그 다음 내리는 비는 말 그대로 장대비였다. 비가 그친 뒤 개울에 가보면 엄청나게 물이 불어나 있다. 하천의 따비밭이 유실되었는지 뿌리째 뽑힌 나무와 옥수수가 무더기로 떠내려 오기 일쑤였으나 세상을 속속들이 훑어 낼 만큼 퍼붓는 장대비 속에서 일 년 내 묵은 찌꺼기가 벗어진다. 개울도 속이 들여다보일 만치 깨끗해진다. 바닥에 깔린 왕모래가 차돌멩이처럼 뽀얗게 되는 것도 그때다.

 문득 소나기 한 줄금 또 지나가는지 따다닥, 지붕을 난타하는 소리가 들린다. 후끈 달아오른 더위가 일변 가시기 시작했다. 끈적끈적한 무더위는 시원스러운 장대비 속에서 가신다. 그런 생각으로 올 여름을 나리라 작정하고 보니 더위가 조금은 가시는 느낌이다. 특별히 여름이 덥지 않으면 가을의 수확을 기대하기 어렵다. 인생 또한 여름에 해당하는 시련기 때문에 저마다 알찬 삶이 될 수 있었다.

저 아래 뽕나무에서

 6월의 햇살은 따갑다. 유난히도 가뭄이 들어 모든 논, 밭에는 피해가 많다. 비가 온다는 예보에도 그저 무덥기만 하다. 잔뜩 흐려서 비가 올 것 같은데도 빗줄기 한 번 뿌리지 않는 하늘을 우러러 본다.
 비를 보내주기 싫지 않아 그저 무덥기만 하고 어쩌다 뚝뚝 떨어지는 비를 보며 참 너도 어지간히 땅을 적시고 싶지 않은 모양이구나 하면서 답답함에 토방에 앉아 있노라니 저 아래 뽕나무가 눈에 들어온다.
 몇 해 전 묘목을 사다 심은 게 이제는 제법 잎이 제법 우거진 나무로 자랐다. 오늘은 예의 순을 따서 나물을 해 먹으려고 나선 참이다. 다닥다닥한 순을 따서 살짝 데친 후 갖은 양념을 하면 봄나물로 손색이 없다.

그래 바구니 하나 들고 나무 곁으로 갔더니 까만 오디가 큼지막하니 많이도 달려있다. 가지 가운데에 많이 있어 사다리를 받쳐 놓고 막 올라가서 손을 뻗치는데 후다닥 새가 날아가는 바람에 깜짝 놀라 사다리에서 떨어질 뻔했다.

몹쓸 놈의 새 같으니라구. 그럴 것 없이 내가 조금 먹고 가겠다고 미리 언질이라도 주면 얼마나 좋았니 하고 놀란 가슴을 쓸어내리며 잠시 안정을 취했다. 무심코 보니 전깃줄에 까치 한 마리가 앉아 있다.

내가 한 말을 혹 알아들었을까 싶은 생각이 들었다. 모르기는 해도 뽕을 먹기 위해 날아든다면 내치지는 않을 텐데 아무것도 모르는 녀석은 무심히 날개만 까딱거리고 있다.

까치와 나눠 먹어도 괜찮게 많이 달린 오디를 한참을 따서 먹었다. 내가 아니었으면 까치가 신나게 먹었을지도 모르는데라는 생각도 들었지만 먹다 보니 까맣게 잊을 정도로 맛있다. 낙엽 활엽 교목으로서 산과, 밭에서도 잘 자라는 뽕나무. 식용으로도 쓰고 잎은 누에의 먹이로도 쓰며 나무껍질은 노란색 염료, 목재는 가구재로도 쓴다고 한다.

옛날 어릴 적 내 고향 강원도에서는 누에를 많이 쳤다. 뽕잎을 먹고 자라는 누에를 보면 징그럽기까지 했는데 그나마 우리는 농사를 짓지 않았기 때문에 이웃집에 가서 구경하는 수밖에 없었다. 가보면 아침나절에 벌써 광주리 가득 뽕잎을 따서 섶에 넣어 주고 있다. 누에를 치는 집은 대부분 텃밭 울타리에 뽕나무를 심고 그것을 따다가 먹이로 주는 것이다.

누에는 완전 변태를 하는 곤충이다. 뽕잎을 먹고 자란 누에는 얼마 후 집을 짓기 시작하고 다 짓고 나면 섶에 올리는데 얼마 후 그것을 삶아내면서 실 잣는 작업이 시작된다.

어릴 적에는 그냥 물레를 돌려가며 실을 감는 것으로 보았는데 지금에 와서 그것도 사전에서 본 결과 돌곗이었던 것으로 물레와 똑같았던 생각이 든다. 돌곗에 올려놓고 실을 감거나 풀 때 굴대의 꼭대기에 '十'자로 나무를 대고 그 네 끝에 짧은 기둥을 박았던 기억에서 보면 지금에도 참으로 고즈넉하였던 모습이다. 끓는 물에 삶은 누에를 꺼내 실을 뽑아내면 그 속에서 번데기가 나오고 맛있게 먹었던 기억이 새롭다.

지금 이 뽕잎을 보면서 그때, 번데기를 큰 냄비에 볶아서 주시던 이웃할머니를 떠올린다. 지금 기억에도 푸짐하게 주셔서 아궁이 앞에서 쪼그리고 앉아서 정말로 맛나게 먹었던 기억과 새삼 내 고향의 그 푸근하였던 모습에서 그윽한 향수마저 느껴진다.

 그때 뽕잎을 따던 기억과 누에에게 먹이던 모습에서는 뽕나무가 별로 큰 것 같이 않아서 어린 나도 사다리 없이 뽕잎을 땄던 것을 보면 지금 우리 뜰의 뽕나무는 정말 우람차게 자랐다. 제법 잘 자랐다는 생각이 든다.

 해마다 초여름이면 연한 순을 따서 나물을 해먹고 지금은 또 까맣게 잘 익은 오디까지 따 먹을 수 있고 좀 더 자라면 그늘까지 좋을 테니 그야말로 아낌없이 내어주는 고마운 나무가 아닐 수 없다. 한참을 따 먹은 오디에서 달콤함을 접고 뽕잎을 연한 것으로 따오면서 배불리 먹은 것에 흐뭇함이 감돈다.

 잘 먹고 있는 새를 놀라게 하면서 내가 흐벅지게 먹은 것이 내심 미안하기는 하였지만, 뽕잎을 살짝 데쳐서 맛나게 무쳐 상에 차려놓을 생각으로 집을 향해 올라가는 마음 참으로 고즈넉하다.

제주, 용머리 해변

　철썩 처얼썩, 밀려오는 파도가 용머리 해안에 부딪친다. 햇살이 번쩍일 때는 섬광처럼 빛나는 무지개가 아름답고 바람이 불면 짭쪼롬한 갯내음이 물씬 풍긴다. 제주특별자치도 하고도 서귀포시에 있는 용머리 해변의 정경. 오랜 세월 바람에 시달리고 물결에 씻겨서 지금 같은 모양이 되었을 텐데 얼핏 봐도 용머리 해변이라고 하는 게 어울린다 싶을 만치 흡사하다.
　제주도에 도착한 것은 오늘 아침이었다. 모처럼 가족 여행을 즐겨본다고 두 딸 내외가 작년부터 준비해 왔었다. 우리 부부와 딸 내외 둘 그리고 아이들까지 그야말로 대가족 여행이었다. 도착하는 대로 콘도에 짐을 풀고 점심을 먹은 뒤 곧장 용머리 해변을 찾아 온 것이다.

용은 기린(麒麟)·봉황·거북과 더불어 사령이라 불려온 상상의 동물이다. 몸은 거대한 뱀과 비슷한데 비늘과 네 개의 발을 가졌고 뿔은 사슴에, 귀는 소에 가깝다고 한다. 깊은 못이나 늪, 호수, 바다 등 물속에서 사는데 때로는 하늘로 올라가 풍운을 일으키는 상서로운 동물로 천자(天子), 군왕(君王)에 비유하기도 한다.

그렇더라도 왜 용머리 해안이라고 했을지 잠깐 의아했다. 하지만 바위투성이 해안을 끼고 걷다 보니 그 이유를 알겠다. 뭐랄까, 앞으로 걸어갈수록 나 자신 용의 자취를 더듬어가는 느낌이었던 것이다. 보통 용이라고 하면 대부분 그에 관한 전설은 판에 박은 듯 같다. 여기서도 하늘로 승천하던 용이 어찌 어찌 도중에 잘못되어 떨어지고 말았다는 얘기로 이어질 법한데 장엄한 풍경은 오히려 정반대였으니 용머리 해안은 곧 바닷물 속에 들어가고 있는 용의 모습이라고 해서 붙여진 이름이다. 특별한 케이스다.

용머리 해안이 생긴 과정을 상상해 본다. 용머리 해안은 우선 전형적인 해식 절벽으로 해식애(海蝕崖)라고도 하는데 일반적으로 산지가 해안까지 연결된 암석해안에서 자주 나타난다.

바다로부터의 침식 작용은 암석의 연약한 부분을 따라서 해식동굴을 만들기도 하지만 오랜 기간이 경과하면 파도의 영향을 받아 동굴은 무너지고 절벽 또한 밀려나면서 해안선 가까운 곳에 작은 바위섬으로 남는 것이다. 해식애가 발달한 곳은 경치가 특히 아름답다. 우리나라의 해식절벽이라면 울릉도 해안, 전라남도 홍도, 강원도 고성군의 해금강 등 알려져 있지만 그중에서도 용머리 해안은 해식절벽의 절경으로 알려져 있어 해마다 수많은 관광객이 찾아오는 명소가 되었다니 모처럼 찾아온 나로서는 감회가 새로울 밖에.

문득 보니 바위산 표면에 수많은 이끼가 돋아나 있다. 특이한 것은 또 바위 표면에 모두 뒤덮인 게 아니라 드문드문 군데군데 돋아났다. 생각하니 파도가 밀려온다 해도 경사진 바위틈은 금방 말라버린다. 결국 평평한 곳에는 물기가 쉬 마르지 않고 그 때문에 이끼가 돋는다지만 설령 경사가 지지 않고 평평한들 짭짤한 바닷물인데 어떻게 살 수 있는지 궁금했다.

그러다가 문득 실소한 것은 나 자신 바닷가에 살았던 기억을 잠시 잊었다. 강원도의 해안선 끝자락인 삼척에서 어머니는 다름 아닌 텃밭농사로 소일하지 않으셨던가. 텃밭이라고는 해도 온종일 일하시던 어머니, 어느 날은 학교에서 곧장 돌아와 일도 거들고 청소며 빨래도 해주길 바라셨지만 야속한 딸은 고무줄놀이며 사방치기에 더 팔려 지냈다. 그렇게 해질녘까지 놀다가는 짐짓 교복으로 갈아입고 대문을 들어서곤 했다.

그나마도 늘 바쁘게 지내던 어머니께 죄송한 마음에 체육복으로 갈아입고 놀았던 것도 생각하면 언짢은 추억이었다. 흙투성이가 된 교복을 입고 들어가면 어머니가 금방 알아차릴까봐 그리 했던 것인데 오랜 세월이 지난 지금은 왜 그렇게 후회스러운 기억으로 남는지 모르겠다. 그렇게 어스름 저녁 집으로 들어설 때마다 붉게 물든 수평선이 가끔은 서글프게 보이곤 했는데 지금 용머리 해안에서 보는 그것은 씻은 듯 맑았으니 오랜 세월의 분수령에 떠오른 환상이었을까.

한참 그렇게 용머리 해안을 오르내리다 보니 정강이가 아프다. 나 어릴 적 바닷가에 살면서 바닷가 언덕배기도 수없이 오르내리던 기억도 스쳐간다. 어느 날은 그렇게 뛰어 놀아도 해는 많이 남아 있었고 그럴 때마다 바닷가의 절벽을 오르내렸다. 그렇게 위험을 무릅쓰고 다니느니 차라리 일찍 집에 돌아가서 어머니를 돕는 게 편했을 텐데 아무래도 나는 바닷가의 풍경을 무척이나 좋아했던 것 같다. 지금 걷고 있는 용머리 해안과는 비교할 수 없지만 내 고향 삼척의 그 해식절벽이라고도 할 바위산 역시 어린 내게는 꿈 속 같은 풍경이었으니까. 게다가 지금 파랗게 번진 이끼와는 전혀 다르게 절벽 틈틈이 적송이니 해송 같은 낙락장송이 자라고 있었다. 내 고향의 그 바닷가 역시도 바위투성이 산으로 이어진 해안이었으니 지금 용머리 해변을 거니는 마음은 즐겁고 고즈넉한 것도 그 기억 때문이리라.

  아무려나 이번 여행은 오래 잊지 못할 것 같다. 모처럼의 가족여행도 즐거웠고 특유의 절경을 보면서 느낀 감상 때문이다. 제주에 온 것 또한 수차례였던 것은 아니지만 사랑하는 가족들과의 여행이라서 더욱 유다른 기억으로 남을 것 같다. 특별히 동양화에서 제아무리 절경이라도 화폭 모서리마다 풍경을 바라보는 나그네가 무슨 낙관처럼 찍혀 있었던 것처럼 지금 이 천혜의 화산섬 제주에서의 관광 또한 소중한 나의 가족들 때문에 더 인상적이었다. 바닷가에 살던 어릴 적 기억이 클로즈업되면서 더욱 새로운 풍경으로 다가온 제주도의 한 컷 풍경처럼. 그것은 또 오래전 삶의 갈피에 찔러두었던 내 고향 바닷가의 또 다른 풍경이었던 것처럼.

조궁즉탁(鳥窮則啄)

 늦은 아침을 먹고 나니 한나절이다. 신문을 뒤적이며 무료하게 앉아 있는데 뜰에 날아든 두 마리 새가 다투는 소리가 들렸다. 보니 한 마리는 조금 작고 좀 더 큰 녀석이 날개를 마구 쪼아대고 있다. 처음에는 저희끼리 장난치며 노는 줄 알았더니 덩치 큰 녀석이 괴롭히고 있는 것이다. 작은 새는 금방 피투성이가 되고 깃털도 죄다 빠지고 말았다. 예쁘고 귀여운 줄만 알고 있던 새들의 세상도 저렇게 '강자와 약자의 다툼이 있구나'라는 생각에 마음이 무겁다.
 얼마 후 덩치 큰 새는 날아가 버리고 작은 새 혼자 남았다. 어떻게 좀 해볼까 하고 다가가면 해칠까 싶은지 뒷걸음만 치고 있다. 친구도 가족도 없이 혼자 남은 것을 보고도 무엇 하나 해 줄 수가 없다. 저렇게 먹지도 못하고 기진해 있다가 뙤약볕에서 금방 죽어버릴 것 같아 마음은 아프고 어떻게 해줄 수도 없어 이만저만 걱정이 아니다. 새라고 하면 푸른 하늘을 날아다니면서 그러다가 심심풀이로 예쁘게 노래 부르는 줄만 알았다가 새삼스레 목격한 사건 앞에서 한나절을 그렇게 좌불안석이었다.

요즈음 한창 문제가 되고 있는 학교폭력도 그런 것일까. 자기보다 조금 약하거나 부족하다 싶으면 막무가내로 얕보고 폭행하는 게 보통 심리라고는 하나 배우고 공부하는 학교에서도 그렇다니 심각한 일이다. 끝없이 이어지는 폭력적인 언어와 행동 때문에 학교를 거부하고 친구조차 싫어지는 섬약한 아이들이야말로 지금 저 깃털이 뜯긴 작은 새 모습 그대로다.

왜 나보다 약하다하여 굳이 괴롭히고 폭력을 휘둘러야 하는지. 어떨 땐 세상 이치가 너무 빤한 것에서 괴로울 때가 있다. 약하고 여리고 착한아이를 괴롭히는 게 곧 세상의 단면이기는 해도 더구나 어른이 되면서 그것을 느끼고 실감하는 것도 솔직히 가슴 아픈 일인데 아직도 철부지 아이가 억울하게 당하고 있으니 내 자식 일이나 되는 것처럼 안타깝고 가슴 아프다.

저보다 어린 새를 괴롭히는 녀석이 몹시도 뻔뻔해 보였는데 그나마 집단으로 따돌리면서 괴롭히는 학교 폭력보다는 낫지 싶었다. 폭력이란 누가 봐도 부당한 것이어서 야무진 학생이라면 능히 감당할 수 있는데 대부분 선량하고 마음 약한 아이들이 스스로 대처하지 못하고 일방적으로 당한다. 그로써 입은 스트레스와 피해 갈등 때문에 마침내는 정신적 고통을 호소하게 되고 심지어는 학교를 그만두기까지 하는 심각한 사태로 번지곤 한다. 게다가 한두 사람도 아니고 집단으로 공격한다니 더욱 두려웠는데 최근에는 또 사이버 따돌림이라는 희귀 용어까지 나왔다.

사이버 따돌림이란 말 그대로 인터넷, 휴대전화 등 정보통신기기를 이용하여 특정 학생에게 심리적 공격을 가하거나, 특정 학생과 관련된 개인정보 또는 허위사실을 유포하여 고통을 느끼도록 하는 행위를 뜻한다. 정말 무서운 세상이라는 게 느껴질 정도로 특별한 방식이다. 이는 또 학생들뿐이 아닌 기업인이나 정치인 등 특정인을 공격하는 수단으로도 악용되고 있어 가끔 심각한 사태로 번지기도 한다.

직접 관여하지 않고도 사태를 악화시킬 수 있고 누군가를 공격할 수 있으니 오늘 아침 본 작은 새들의 다툼은 그야말로 새 발의 피 같은 자그마한 사건이다. 새들은 혹 다툰다 해도 1대 1이지 우리처럼 그렇게 집단으로 혹은 사이버 따돌림처럼 문명의 기기를 이용하면서까지 악착스럽게 괴롭히지는 않는다. 새들의 속내도 깊이 들어가 보면 뜻밖의 면모가 드러날 수 있지만 사이버 따돌림까지는 아닐 것이다. 그것은 그야말로 광대한 정보통신망을 구축한 우리 인간들만이 저지를 수 있는 폭력이다.

  한낮이 겨웠다. 다시금 뜰에 가 보니 깃털이 뜯긴 채 떨고 있던 새가 보이지 않았다. 날개를 추슬러 날아갔으면 다행인데 저만치 풀숲에 떨어진 것은 아닌지 모르겠다. 혹 간신히 살아나면 저를 괴롭히던 새를 향해 앙심을 품을 것 같지만 생각하니 다시 괴롭힐 경우일 테지. 1차 괴롭힌 것도 모자라 2차 혹은 계속적으로 이어질 때라야 나올 수 있는 상황이고 그것은 누가 봐도 당연지사다. 상대방을 괴롭히면서 쾌감을 느낀다는 일부 폭력자들의 비열한 심리를 생각하면, 단지 궁지에 몰려 어떻게도 할 수 없을 때 짐짓 부리로 쪼면서 자기방어로 삼는 조궁즉탁은 나약한 새들이 마지막 내밀 수 있는 비장수단이었다.

처음 가는 길

　무작정 집을 나선 것은 남편과 다투고 난 뒤였다. 집안에서 이러쿵저러쿵 옥신각신하는 거야 노상 있는 일이다. 그날따라 뭐 그렇게 심각한 상황도 아니었는데 나도 모르게 집을 나오고 말았다. 간단히 짐을 챙겨 방문을 나서는 순간 무거운 의자를 같이 옮겨달라는 말도 무시한 채 다시 오지 않을 것처럼 현관문을 부서져라 쾅 닫고는 차에 올라 시동을 걸었다.
　어떻게 큰 길까지 나왔는지 몰랐다. 동네 골목을 나와 한길에 접어든 지 얼마 후 보니 어느새 음성을 지나 괴산에까지 이르렀다. 멀리 저수지가 나오면서 낚시꾼 몇몇이 보였다. 답답한 마음에 창문을 여니 아까시 꽃내음이 싱그럽게 묻어난다. 그리고 보니 벌써 아까시 꽃 피는 시절이었다. 우리 마을의 저수지에도 아까시가 그새 하얗게 만발했을 텐데 그것도 모르고 나는 지금 앙앙불락한 마음으로 집을 나온 터였다.

한참 달리다 보니 어느새 한적한 시골길에 접어들었다. 얼마를 달렸는지 짐작이 가지 않는데 농로길이 아주 멋스럽다. 망설임 없이 화사한 소로의 반들반들한 길로 들어섰다. 아름드리나무가 초록을 자랑하며 한창 어우러지고 있다. 안 그래도 어둑신한 숲길이 신록의 터널로 인해 땅거미 지는 해거름처럼 고즈넉하다.

그렇게 얼마쯤 갔을까, 모퉁이를 도는데 포장이 잘된 길이 예사롭지가 않다. 지금까지 내가 달려온 찻길보다 훨씬 더 깨끗하다. 하기야 시골 길을 가다 보면 농로를 멋지게 닦아놓은 곳도 있지만 아무리 봐도 그런 길은 아니다.

별반 내키지 않는 마음으로 그 길을 가는데 어디선가 연장 부딪치는 소리가 났다. 저수지를 끼고 있는 산기슭에의 그 길로 무심코 들어서니 포클레인 소리와 함께 작업에 열중하는 인부들이 보였다.

더러는 대리석을 다듬고 몇몇은 또 사포로 현관 바닥을 반들반들하게 손보고 있다. 그리고 보니 지금 내가 온 길은 별장을 짓고 있는 주인이 자기 집을 짓기 위하여 깨끗하게 닦아 놓은 길이었던 것이다.

변죽 좋은 나는 인사부터하고 들어서면서 길이 좋아 따라 들어 왔다하니 무슨 장사라도 하는 사람인 줄 알고 의아해 하시다가 그저 무작정 왔다고 하니 껄껄 웃으신다. 잠시나마 별 이상한 여자로 비춰지는 것을 느꼈다.

그런데 왜 그렇게 무서운 마음이 들었는지 지금 생각해도 이해가 되지 않았다. 작업 중인 인부들이 두려운 것은 아니다. 그들이야 일에 열중하느라고 내가 들어가는 것도 모르고 있는 성싶었다. 환한 대낮인데도 인적 드문 저수지 물가의 산이다. 그리고 거기 산기슭에 돈 많은 어떤 사람이 큰 길에서 집 앞에까지 길을 포장하면서 별장을 짓고 있는 중이다.

뭐랄까 흔히 볼 수 있는 정경인데 괜히 두려운 마음이 들었다. 저수지라 해도 물가에는 서너 사람 낚시꾼뿐이고 여기 산기슭에는 집 짓는 인부들 여남은 명이 전부다.

갑자기 나도 모르게 산모퉁이를 돌아 막 달려 나갔다. 어림잡아 둘레가 이십 리는 족히 되어 보이는 방대한 땅에 여자라곤 나 혼자뿐이라는 두려움 때문이었을까. 아침에 현관문을 부서져라 쾅 닫고 집을 나설 때도 그런 기분은 아니었는데 싶어 더욱 초조한 기분이었다.

　뭐에 홀린 것처럼 두렵고 무섭고 그랬다. 뒤에서 누가 쫓아오기라도 하는 것처럼 달리는데 저만치 노루가 뛰어가는 모습도 보인다. 내 차를 경계하며 뛰는 모습이다.

　긴장이 풀린 탓인가 돌연 식은땀이 났다. 저수지를 다 돌아 나오면서 잠시 차를 세우고 쉬었다. 갑자기 꿈에서 깨어난 것 같다. 저수지에 도착한 뒤 공사 중인 별장 집을 향했다가 갑자기 돌아온 건 불과 십 분 안짝인데 오래전 일인 것처럼 아득했던 기분이 지금도 선하다.

　처음 가는 길일수록 잘 알고 잘 생각하며 가야 된다는 것을 잠깐 뉘우쳐 보았다. 서둘러 인사하고 내려오는 마음은 필경 아름다운 풍경일 텐데도 머릿속에는 그저 빠른 속도로 내려왔는데 다 내려오니 일하는 사람은 몇 명이었는지조차도 기억에 없다. 그저 건축에 열중하는 분들에게서 무지한 여자가 할 일 없이 들어 닥쳤다는 것 밖에는.

　특별히 내가 몰지각한 여자로 비쳐졌을지 모른다는 게 더 남우세스러운 기분이었다. 나 자신 다시는 살고 싶지 않다는 자포자기 마음으로 집을 나섰으니 처음 보는 사람들도 그런 기색을 알아차렸는지 모르겠다. 그렇지 않고서는 내가 봐도 그렇게 싱거운 웃음을 흘리지는 않았을 테니까.

  아울러 그게 곧 나 자신의 품격 문제라고 생각하니 기분이 좀 나쁘다고 함부로 내뱉는 말과 행동이야말로 심사숙고 자제할 일이라고 보았다. 그것은 또 일상적 생활만이 아닌 전반적인 삶에서도 깊이 고려해야 하는 게, 생각 없이 충동적으로 아무렇게나 행동하는 것 또한 삶의 격을 떨어뜨릴 수 있다.

  특별히 오늘 무지한 여자처럼 섣부른 행동을 하고 하루를 보낸 것 같아 깊이 반성한다.

  다투고 싸우는 것을 피하기는 어려울진대 보다 잘 싸우는 법을 생각해 보자. 남에게 허점을 잡히는 것도 십중팔구는 본인 탓이다. 어디 사람뿐이랴. 사는 것 또한 소규모 싸움터라 인생이란 녀석과도 맞붙어야 되고 그럴 때 힘들다고 맥을 놓은 채 자포자기에 빠지면 남들 보기에도 물색없이 싱거운 사람이라고 보일 테니까.

나이티

　오늘따라 전철 안이 무척 붐빈다. 그렇게 두 정거장 지나자 사람들이 내리기 시작하면서 자리가 났다. 그래도 워낙 붐비던 참이라 서로 눈치를 보며 앉기를 사양하는 분위기다. 나역시 다른 사람이 앉으려니 하고 있는데 옆에 있던 한 사람이 앉으라고 눈짓을 한다. 순간 나를 보고 그러는가 싶어 의아했으나 분명 내게 보낸 눈짓이다. 이어서 아니 내가 할머니로 보였단 말이야? 나 스스로 반문하며 짧은 시간에 온갖 생각이 오가는 중에 자리에 앉았다.
　음, 나는 할머니가 분명하다. 나이에 또는 모습에서 아무리 감추려 해도 풍기는 나이티. 예전에는 육십에 고려장 감이라

하지 않았던가. 육십하고도 칠십에 참으로 웃음거리에 지나지 않는다. 지금, 나 스스로 백세인생을 논하며 익는 것에서의 초입에 들어섰다고 조금이라도 나이티를 감추려하는 마음마저도 부정하려하는, 나 자신을 발견한다.

어찌 보면 당연한 일이다. 나이를 먹은 건데 뭐. 그래서 살아온 세월만치 나이가 들어 보이는 바람에 짐짓 앉으라고 한 것이다. 그런데도 마음이 무거운 것은 즉 나이를 먹기 싫어하는 본능이 머리를 쳐든 것일까.

하지만 나는 지금 장장 70세다. 아무리 긍정적인 사람도 나이에 대해 대범하기는 어렵지만 적지는 않은 나이다. 그나마 우리 어릴 때만 해도 70이면 상노인 축에 들어갔으나 아직도 나름 사회활동을 하고 있으니 그래도 아직 젊다. 그리고 말이 나왔으니 말이지만 나이야 뭐 상대적이지 않을까. 나는 지금 70이라는 사실에 갈등하고 있으나 80이 된 사람들에게는 그야말로 동경의 대상일 것이다. 내가 가끔 60만 되어도 좋겠다고 하는 것처럼 누군가는 내가 지금 아주 두려워하는 나이 70만 되어도 괜찮겠다고 분명 그럴 것이다.

더욱 나이가 많다는 것은 연륜을 나타낸다. 흔히 알고 있는 고려장이 폐해진 것도 노인들 특유의 지혜에서 나왔다. 실제 지금까지 전해진 고려장은 고려시대 때 늙은 부모를 산 속에 버려두는 행위라고 하지만 그 시대는 엄밀히 효가 권장되는 시대였으니 가당치 않다. 단지 부모를 산에 버리는 고려장의 풍습에 관해서는 몇몇 설화들만 존재한다.

우리가 흔히 알고 있는 설화는 70살이 된 늙은 아버지를 풍습대로 아들이 지게에 지고 산중에 버리고 돌아오려고 하는데, 함께 갔던 손자가 나중에 아버지가 늙으면 지고 온다며 그 지게를 다시 가져오려고 하자, 아들은 아버지를 다시 집으로 모셔 지성으로 봉양하면서 그 풍습이 없어졌다는 의미다.

한낱 설화일 수 있으나 그렇게 나이를 먹는 거라고 생각했다. 기억력은 분명 떨어질 것이나 이해력은 높아진다. 건강은 쇠약해지는 대신 정신적 의지가 또 비례해서 강해진다. 살아온 세월만치 본 것도 느낀 것도 많을 거라고 보면 나 역시 주눅이 들 게 없다. 더구나 지금은 나이를 의식할 여지가 없을 정도로 수많은 복지시설이 마련되어 있다. 건강도 능력도 따라주지 않을 때가 많지만 그 모든 것을 극복하는 것은 의지 하나로 충분할 것이다. 뭔가를 하다가 실패는 할지언정 스스로는 그것을 충분히 부인할 수 있다.

괜한 집착이고 억지로 보일 수도 있지만 나이에 대한 핸디

캡을 생각하면 충분히 쓸 법한 전략이다. 어쩔 수 없이 나이는 먹었지만 아울러 숫자적인 나이는 속일 수 없어도 정신적인 나이는 얼마든지 속일 수 있다.

 바로 그 정신적 나이를 속일 수 있는 것은 숫자적 나이를 의식하지 않고 뛰어넘는 일이다. 세상 모든 가치관 내지 인생관 등은 뚜렷이 주관적이어야 되고 다른 뭔가의 비교를 용납해서는 안 되지만 나이는 상대적으로 견주고 비교하면서 그 회의감은 얼마든지 덜어낼 수 있다. 나보다 스무 살 적은 50대가 보면 나는 아주 높은 어른이지만 똑같이 스무 살 많은 어른이 보면 아직도 한창 나이니까.

함박꽃

　내가 만든 작은 꽃밭에서는 철철이 예쁜 꽃들이 핀다. 일단 초봄이 되면 보라색 제비꽃이 어우러지고 민들레가 지천으로 핀다. 이어 금낭화가 탐스럽고 붉은 주머니를 잔뜩 매다는 오월에는 동산 주변의 아까시가 하얗게 만발하고 특별히 내가 좋아하는 모란과 함박꽃 등이 다복다복 그야말로 탐스럽다.
　함박꽃과 모란은 아주 비슷해서 흔히 착각하는 꽃이다. 그러나 함박꽃은 나무에서 싹이 트는 모란과는 달리 보통의 풀처럼 땅 속에서부터 싹이 튼다. 간단히 말하면 모란은 나무고 함박꽃은 풀이다. 모란은 또 1~2m까지 자라지만 함박꽃은 60㎝까지 자란다. 함박꽃은 흔히 부케로도 많이 쓰이는데 붉고 탐스러운 꽃을 보면 5월의 신부에 딱 어울린다. 부케로 쓰면서 친구에게 던져 또 다른 탄생을 기원하는 거겠지. 신랑이 신부를 위하여 직접 꽃을 따다가 커다랗게 묶어 선물한 것에서 비롯되었다 한다.

한약의 재료인 작약(芍藥)으로도 부르는 것은 함박꽃의 뿌리가 곧 작약인 까닭이다. 가지각색 이름만치나 품종도 다양하고 화려하다. 오랜 세월 육종의 과정을 거쳐 온 덕분인 것 같다. 생물이 가진 유전적 성질을 이용해 새 품종을 만들거나 기존 품종을 개량한 것이라 한다. 우리 작은 꽃밭의 함박꽃도 겹겹이 풍성하게 피어 화려한 자태를 뽐내고 있다. 함박꽃을 보노라면 순박한 소녀의 함박웃음이 떠오르는 것 또한 자연스럽다.

모란과 함박꽃은 같은 식물이지만 종은 서로 다르다고 하는데 둘은 꽃 아래쪽 모습을 보면 구분할 수 있다. 착각을 할 정도로 비슷하게 피지만 모란은 송이가 좀 더 작고 함박꽃은 이름 그대로 함박마냥 탐스럽고 소담한 느낌이다. 일설에는 또 음식을 담아 나를 때 사용하는 함지박과 닮았다 하여 함박꽃이라 부른다고도 하는데 아무튼 소담하게 어우러진 꽃을 보면 부를 상징하는 것 같은 이미지가 제법 그럴싸하다.

함박꽃의 뿌리로서 작약은 또 품종도 다양해서 산에서 피는 산작약이 있는가 하면 우리 흔히 보는 것처럼 붉은 꽃의 함박도 있다. 꽃잎의 크기나 색깔, 두께 등이 제각각 다르고 특별히 우리 집에 있는 함박꽃은 촘촘하게 피는 겹꽃이다. 어떤 것은 가장 자리에 분홍색으로 겹겹 싸여 있는가 하면 더러는 포개어진 채 오월의 햇살에 눈부시게 빛난다. 내가 특별히 함박꽃을 더 아끼고 사랑하는 것은 바로 그 겹겹으로 피는 꽃잎 때문이었다.

겹꽃이 되는 원인 중 가장 흔한 것은 수술의 판화(瓣化: petalody)로서 수술·꽃받침 조각 따위가 변화하여 꽃잎 모양으로 되는 경우다.

흔히 벚나무·동백나무 등이 속하며 꽃받침이 판화해서 2중으로 되는 겹 도라지도 있다. 그 외에 환경조건의 변화 때문에 기형으로서 생기는 것도 많고, 약품처리에 의해서도 유도될 수 있는데 어떤 경우든 홑꽃보다는 훨씬 소담스럽고 예쁘다. 중복되고 겹치는 일은 어딘가 불편하고 부담스러운 기분인데 꽃으로 필 때는 관상가치가 더욱 높다 하니 무슨 뜻일까.

우선 가장 많이 볼 수 있는 수술이나 꽃받침 조각이 꽃잎으로 변화하는 과정도 실제 복잡하고 번거로운 과정이다. 애당초 꽃봉오리 모양 그대로 벌어지면 간단히 필 것인데 어떤 상황에 의해 수술이나 꽃받침 조각 등이 덩달아 꽃잎으로 바뀌어 피기 때문에 겹꽃이 되는 것처럼 어쩌다 피는 겹꽃이 있고 어떤 것은 그렇게 품종을 개발해서 우리 집 함박꽃처럼 한 그루 전체가 아예 겹꽃으로 피기도 한다. 그렇듯 피는 건 예쁘지만 어딘가 복잡한 과정이 수반되는 것을 생각하면 삶에도 뭔가 비슷한 유형이 있을 것 같다.

  살다 보면 즉 설상가상이나 금상첨화같이 어떤 일이 중복되는 경우가 적지 않다. 눈 위에 서리가 내린다는 설상가상은 누구나 알고 있는 말이되 살면서 힘들 때마다 줄곧 되뇌는 말이다. 솔직히 비단 위에 꽃이라고 하는 금상첨화같이 좋은 일이 겹치는 것은 극히 드물 것 같지만 똑같이 발생하는 줄 모르고 다만 힘든 것 때문에 설상가상만 더 오래 기억에 남는 까닭인지도 모르겠다.

  그러나 한편 생각하면 설상가상처럼 나쁜 일이 겹치는 것은 그나마 견디기 쉬울 것 같다. 하기야 나부터도 나쁜 일이 자꾸 겹치면 당연히 짜증스럽지만 좋은 일이 겹칠 때 역시도 뜻밖에 감당이 어려울 수 있다. 아니 어렵다기보다 생각 외에 좋은 일이 거푸 생기면 자기도 모르게 우쭐해지면서 생각지 못한 여파를 낳게 된다는 의미다. 일이 잘 될수록 조심하라고 했지 않은가. 더불어 좋은 일이든 나쁜 일이든 수레의 바퀴나 기차의 레일과 같아서 늘 같이 가야 하는 것 또한 포괄적 인생의 속내다.

이를테면 좋은 일이라고 맑은 날이 계속되면 언젠가는 반드시 비가 오고 궂은 날씨가 되고 반대로 비가 오거나 눈보라가 치는 등 궂은 날씨가 지나면 또 맑고 청량한 하늘이 보인다. 인생 또한 날씨와 어지간한 게 어려움이 지나면 좋은 일이 생기게 되어 있다. 아니 그 어려움은 또 언젠가 쏟아지게 될 단비처럼 좋은 일을 만들기 위한 예비 작업으로 볼 수 있다. 물론 나중에야 어쨌든 어려움을 극복하는 게 간단한 것은 아니지만 그런 마음가짐으로 살면 한결 수월해진다는 뜻이다. 그냥 봉오리진 채 피는 홑꽃보다는 어떤 과정이나 치르듯 겹겹 피는 겹꽃이 훨씬 더 예쁜 것처럼.

흑염소에게

　비가 내린다. 부슬부슬 온종일 속삭이며 내리는 꽃비다. 봄 문턱에 들어서는 입춘도 지나고 보니 내리는 비마저 꽃비로 산자락과 우리 텃밭을 적시는 것 같다. 얼마 후 싹이 트기 시작하면 세상은 온통 봄기운에 젖어 화사하게 피어나겠지.
　지난해 가을, 염소가 살 우릿간을 지었다. 닭장 옆으로 잇대서 지은 집이 제법 큼지막하다. 한 사흘 남편이 노심초사 지은 집이다. 한 이틀은 기초공사를 하는 것처럼 먼저 바닥을 평평하게 골랐다. 그리고 이어 크고 작은 통나무를 켜고 잘라서 기둥을 박고 지붕을 씌워 놓으니 그럴듯한 집이 되었다.
　그리고는 이웃 마을에 가서 암수 두 마리를 사왔다. 가보니 수많은 염소가 뛰어놀고 있었다. 그중 똘똘해 보이는 염소 둘을 골라서 사왔는데 우리에 넣고 보니 튼튼한 녀석들이 아주 귀엽다. 갓 태어난 흑염소는 무척 어려서 걱정이 되었다. 처음 데려 오던 날은 밤새 잠도 안자고 투정이더니 며칠 지나자 제법 잘 뛰어 놀고 지금은 아주 건강하다.

염소는 발육이 빠르다. 먹이만 잘 주면 쑥쑥 잘도 큰다. 생김은 양과 비슷하지만 턱 밑에 수염이 있고 뿔도 훨씬 크다. 지금 내가 키우는 녀석 중 수놈은 또 얼마나 극성인지 모른다. 성질도 있어 보이고 활발하고 민첩한 것이 잘도 뛰어다닌다. 먹는 것도 암놈보다 훨씬 많이 먹는데 암놈을 밀쳐 가면서 혼자 먹으려는 식탐은 엄청나다.

그렇게 두어 달쯤 지났을까. 살이 통통하게 붙기 시작하더니 제법 어엿해 보인다. 여전히 극성스럽고 사납지만 하루하루 살이 붙고 커 가는 게 신통하다. 어쩌다 '음메에~' 하고 울 때는 나 역시 시골 외딴 집의 무료함을 잊곤 한다. 이따금 둘이 싸우는 듯 시끄러운 소리가 나기도 하지만 소일거리로 키우는 나로서는 그것도 대견하다.

그러다가 얼마 후 보니 새끼를 가진 듯 암놈이 배가 불러온다. 한 달 두 달 갈수록 불러오니 처음 키워보는 나로서는 보통 걱정이 아니다. 할 수 없이 이웃 분들께 여쭤보니 조금 더 있으면 낳을 것 같다고 한다. 배가 점점 불러와 내가 봐도 얼마 후에는 낳을 것 같았는데 공교롭게도 집을 비울 일이 생겼다.

그리고 며칠이 지나 집에 돌아와 보니 새끼 염소 세 마리가 죽어 있지 않는가. 새끼를 낳자마자 탈진상태가 된 어미는 새끼를 돌볼 기운도 없었나 보다. 그렇게 집을 비우는 동안 낳을 걸 생각했더라면 염소 집을 막아서 따뜻하게 해주어야 했는데 새끼염소가 죽은 것은 결국 우리의 불찰이었다.

갓 낳은 새끼를 잃어야 했던 어미 염소가 불쌍했다. 우리가 죽은 새끼를 치울 동안도 염소는 구석에 쭈그리고 있을 뿐 먹지도 않았다. 강추위 속에서 새끼가 모두 얼어 죽었으니 어찌 아니 그러랴 싶은 생각에 더욱 괴로웠다. 우리를 겹겹으로 막아 따스하게 해 줬어야 했는데 잠깐의 실수로 새끼가 모두 죽었다. 어미를 보면 그 일이 생각나고 우선은 죄책감에 견딜 수가 없다.

정말로 무지한 인간들로 하여금 죽어간 새끼들에게 씻을 수 없는 죄를 지은 것이다. 정말로 떨려오는 불안감과 죄책감에 몇 날을 마음 아파하였다. 인간의 무지하고 이렇게 가혹하리만치 미련한 것을 느끼며 조여 오는 죄책감에 떨어야 했다. 무서움마저 감도는 마음을 추스르며 안타까워했다.

 그렇게 며칠을 미안한 마음으로 보내다가 염소 우리에 갔더니 어미는 그래도 주인이라고 반갑다는 듯 내다본다. 촉촉이 젖은 콧등을 어루만지며 "미안해"라고 말해줬다. 내 말을 듣고 있는지 반짝이는 눈이 새삼스럽게 예쁘다. 키우기 전에는 양처럼 온순하지도 않고 뻣뻣한 게 싫었는데 내 집에서 키우고 보니 정이 들었다. 게다가 나 때문에 멀쩡한 새끼를 잃었다는 생각을 하면 까닭모를 애착이 가고 그래서 더더욱 귀엽다.

 까만 털이 반짝거리며 빛이 난다. 또한 눈동자는 한없이 맑고 선하다. 괜히 미안하고 송구한 마음이다. 말 못하는 동물에게 우리는 무엇을 어떻게 하였나를 생각하며 데려왔으면 최선을 다해야 한다는 걸 잊었다. 다음에 새끼를 낳을 때는 정말 잘 돌보아 주리라고 마음 속 깊이 다짐해 본다.